# *Radicalisations intersectionnelles :*

# *L'exception des minorités tunisiennes,*

# *le Maghreb et la France en miroir*

Dr. & Im. Ludovic-Mohammed Zahed

ISBN : 9781983771880

**SUIVEZ-NOUS !** info@calem.eu

Suivez l'activité des éditions sur le site www.calem.eu

# Sommaire

# Préambule

*« Abolissez dans une monarchie les prérogatives des seigneurs, du clergé, de la noblesse et des villes ; vous aurez bientôt un état populaire, ou bien un état despotique »*[1].

Il est un fait que les débats actuels sur les différentes formes de radicalisation, en France comme au Maghreb, se polarisent, ce qui rend les choses plus opaques et difficiles à analyser pour le grand public.

Pour exemple, la qualification récente des gilets jaunes en tant que « radicaux », en France et ailleurs, utilisant en cela le même vocable que celui associé à la mouvance dite « islamiste », aux terroristes, brouille les cartes en terme éthique et politique.

Récemment, les accusations à l'encontre de la journaliste engagée Rokhaya Diallo, entre et, désormais considérée par des intellectuels de gauche, tel que Pascal Brukner, comme une « islamo-gauchiste » et même une complice des terroristes, qui aurait « entraîné la mort des douze de Charlie »[2].

On en arriverai bientôt à oublier que ces « identités meurtrières »[3] ont depuis vingt ans un potentiel global, une origine perçue comme étrangère,

---

1 Montesquieu (1777). « *De l'esprit des lois* »., chapitre IV, page 32. Garnier, Paris.

[2] Huffpost, 22 octobre 2020. « *Pascal Bruckner accuse Rokhaya Diallo d'avoir "entraîné la mort des douze de Charlie Hebdo"* ». Disponible en ligne - https://www.huffingtonpost.fr/entry/pascal-bruckner-rokhaya-diallo_fr_5f914710c5b62333b2427023

[3] Maalouf, A. (1998). « *Les identités meurtrières* ». Grasset et Fasquelle, Paris.

en ce qui concerne « l'islamisme » tout particulièrement. Ce dernier n'est qu'un fascisme de plus, toujours construit sur le dos des minorités ethniques, religieuses ou sexuelles, engendré par les tensions du XXe siècle, dont la façade est verte, plutôt que d'être brune, rouge ou bleu[4].

Pourtant, l'attaque du 29 octobre 2020 qui a fait trois victimes, au cœur de la basilique de Notre-Dame de Nice[5], ne fait que rappeler l'urgence d'une connaissance accrue des contextes sociopolitiques outre-méditerranée.


Je vous propose donc, à travers cet essai, de franchir la mer Méditerranée afin de prendre de la distance avec un contexte français particulièrement ancré historiquement et idéologiquement, tout en retrouvant les racines d'un mal qualifié aujourd'hui par les plus hautes instances de l'Etat comme une forme de « séparatisme » ou de « communautarisme »[6]. En réalité, ces replis identitaires, ces rejets de « l'autre », ne sont-il pas en passe de donner lieu en France, comme dans certaines sociétés du Maghreb, à des formes renouvelées de balkanisations de nos sociétés, où chacun-e ne se souciera plus que de son groupe communautaire fantasmé ?

---

[4] Zahed, L. (2016). « *LGBT Musuman-es : du Placard aux Lumières* ». CALEM, Marseille.

[5] Mediapart, 29 octobre 2020. «*Un attentat au couteau a fait trois morts à Nice* », paix à leurs âmes. Disponible en ligne - https://www.mediapart.fr/journal/france/291020/un-attentat-au-couteau-fait-trois-morts-nice?onglet=full

[6] Cf. l'interview du président Emmanuel Macron à ce sujet, qui a pris son temps pour intervenir sur un tel sujet, et on peut le comprendre au vu, d'une part, de la complexité de la problématique, et d'autre part du fait de l'évolution à la fois rapide, perçue à tort comme historiquement inédite, du contexte socio-politique. Retenons ici que son discours utilise le terme de « séparatismes » au pluriel, même si certains commentateurs n'auront retenu de cela que « l'islamisme ». Disponible en ligne - https://www.elysee.fr/emmanuel-macron/2020/10/02/la-republique-en-actes-discours-du-president-de-la-republique-sur-le-theme-de-la-lutte-contre-les-separatismes

Ces dernières années, au Maghreb en effet, la répression d'État à l'encontre des minorités semble s'être renforcée : opprobre publique et médiatique pour les minorités religieuses, bannissement régionale ou peine de prison lourde pour « sodomie » contre les minorités sexuelles. En Tunisie, les juristes concerné-es par ses problématiques estiment que le pic d'une telle répression contre les minorités dites « sexuelles » s'est cristallisé en 2015, en même qu'une montée de l'homophobie déclarative dans l'opinion publique majoritaire, considérant de plus en plus clairement le militantisme pour les droits LGBT+ comme une « importation » occidentale en Terres d'Islam.

L'étude des minorités au sein des sociétés dites « arabo-musulmanes » nous permettra, encore plus qu'ailleurs, de mettre en exergue les facteurs susceptibles de concourir à l'apaisement des identités, au sein de sociétés dont les dynamiques sont en pleine révolutions, où la question des minorités sera là encore l'enjeu de négociations éthiques et politiques resserrées. Il est à noter que, parmi les pays maghrébins, la Tunisie est sans doute le pays le plus éduqué et le plus égalitaire, d'un point de vue tant économique que constitutionnel, où les femmes et les minorités (ethniques ou linguistiques, et bientôt sexuelles) bénéficient de l'un des statuts les plus libéraux d'Afrique du Nord. Pourtant, la Tunisie est aussi le premier recruteur de la région de jeunes candidat-es au « djihad ».

En dépit de cela, certain-es des individus appartenant à une minorité, notamment sexuelle, cultivent l'idée d'une double appartenance communautaire, par le biais de subcultures fluides et interconnectées. Ces représentations identitaires alternatives, hybrides, en miroir du nationalisme patriarcal hégémonique, constitueraient-elles une forme de prévention contre le « retour » d'un radicalisme religieux, instrumentalisé à des fins de plus en plus formellement xénophobes, virilistes et fascisantes[7] ?

---

7 Étymologiquement issu de *faisceau* identitaire, mais aussi de *phallus* ; en d'autres terme, ce serait celui qui possède le phallus qui, en particulier en

temps de crise, définit ce qui est normal, ce qui loyal vis-à-vis de la communauté, et ce qui, au contraire, trahit l'identité de ce groupe, remettant en question jusqu'à l'existence de ce dernier.

# 1 - L'avant-gardisme des diasporas et de certaines sociétés arabo-musulmanes

Depuis une vingtaine d'années, les sociétés dites arabo-musulmanes connaissent des mutations sans précédent, notamment en lien avec les droits des minorités. Il est primordial d'étudier la façon dont ces minorités sont intégrées, ou non, aux dynamiques sociétales globales. Il est un fait établi que le statut politique des minorités, au sein d'un groupe donné, permet d'établir un diagnostique sur les représentations identitaires et religieuses dites majoritaires[8], notamment au sein de sociétés en pleine révolution.

En ce qui concerne la théorie du « retour » des identités religieuses, certains auteurs, tels qu'Emmanuel Todd, avaient identifié des signes avant-coureur de ces « printemps arabes », au cœur de leurs études anthropo-démographiques[9] ; d'autres encore expliquaient la « radicalisation » des identités individuelles comme la fascisation de nationalismes arabes désormais moribonds[10]. Pourtant au Maghreb, la sémiologie des rapports entre radicalisation des religiosités et stigmatisation des minorités ethniques, religieuses ou sexuelles, restent peu analysées. Depuis la révolution de janvier 2011, la Tunisie semble être devenue le lieu de ces expérimentations politiques contemporaines, avec l'élaboration d'identités religieuses, mais aussi de représentations liées à la corporalité, inédites et inclusives[11].

Pour autant, si l'on prend en compte le facteur sub-culturel, au sein d'un contexte sociétal où l'islam reste encore un invariant culturel pour la

---

8 Moscovici, S. (1991). « *Psychologie des minorités actives* ». PUF, Paris.

9 Courbage, Y & Todd, E. (2007). « *Les rendez-vous des civilisations* ». Paris, Seuil.

10 Roy, O. (2008). « *La sainte ignorance : le temps de la religion sans culture* ». Seuil, Paris.

11 Qui incluent au cœur de l'Agora l'ensemble des citoyen-nes, en théorie, sans discriminations aucunes.

majorité de la population, on doit légitimement se poser la question : ces citoyen-nes, théoriquement à l'avant-garde de refontes identitaires sans précédents, utilisent-ils le paradigme d'une réforme religieuse post-moderne éculée et exclusive, dont on parle depuis une centaine d'années au sein de l'Islam ? Ou alors, négocient-ils la production de normes identitaires hybrides, à l'interstice entre différentes sub-cultures[12], elles-mêmes en cours de redéfinition ? Ces réformes identitaires, puis sociétales et enfin politiques, bénéficient-elles à l'ensemble de la population ? Ou sont-elles l'ultime production d'un système à la fois panarabiste et post-colonial, élitiste et exclusif, dans une énième tentative de se survivre à lui-même ?

Les réponses à ces problématiques sont en lien avec le statut politique des minorités en Afrique du nord: ce statut politique évoluera-t-il dans un contexte de « retour » d'un religieux désislamisé et sécularisé, ou au contraire plus nationaliste, viriliste et fascisé que jamais ? Les réponses à ces questions apporteront des données prédictives quant à l'avenir de la Tunisie, au regard de ce qui se passe, de ce point de vue-là, dans le reste des sociétés de la région.


Par ailleurs, pour l'évaluation de ces paradigmes théoriques au caractère explicatif potentiel, il nous faut garder à l'esprit que cette quête de politiques universellement inclusives, lorsqu'il est possible de les voir émerger, n'est pas un phénomène spontané qui aurait surgit *ex nihilo*. En Tunisie, ces réflexions politiques avant-gardistes ont été portées par des individus engagé-es.

Ces derniers sont aujourd'hui encore en dissidence par rapport à un modèle patriarcal, appliqué à la totalité de l'espace public[13], et même dans l'espace

---

12 Warner, M. (1993). « *Fear of a queer planet: queer politics and social theory* », p. 210. University of Minnesota.
13  C'est le propre du *totalitarisme*.

privé[14], usant et abusant de l'islam politique comme d'une façade éthique à un régime ayant prôné en réalité depuis des décennies, de manière plus ou moins explicite, la fascisation des identités et des corporalités.

Cette fascisation des identités politiques, réalisée notamment par le biais d'une conception excluante et hypernormalisante du religieux, qui établit *la* minorité comme « anormale »[15], est-elle sur le point de céder la place, en Tunisie, à d'autres représentations identitaires à la fois plus universelles et radicalement hybrides ? Avons-nous, dans notre histoire récente, ailleurs dans le monde, des points de repères similaires qui nous permettraient d'analyser plus finement cette situation exceptionnelle ?

Toutes choses égales par ailleurs, au courant des années 1980, une certaine forme de désislamisation des identités politiques a été entreprise par les communautés arabo-musulmanes de la diaspora en Europe, où le contexte politique et libertaire se prêtait mieux à ce type de désidentification[16].

Récemment dans le monde dit « arabo-musulman », je fais ici référence à la démarche, notamment, d'associations citoyennes qui se confrontaient, à des niveaux divers, aux dogmes religieux soutenant, en réalité, un nationalisme arabo-musulman de moins en moins adapté à la pratique religieuse ou aux actions politiques des jeunes générations. Ces mouvements citoyens ont abouti à des propositions réflexives inédites, du type : « *Monsieur Islam n'existe pas. L'Islam, c'est nous !* »[17] en Europe, « *Not in my name !* » en

---

14 Notamment avec l'application de plus en plus courante (ou du moins de plus en plus visible médiatiquement), à l'heure actuelle en Tunisie, de l'article 230 du code pénal, qui punit l'homosexualité de trois ans d'emprisonnement.

15 Foucault, M. (1999). « *Les Anormaux* ». Seuil, Paris.

16 Muñoz, J., E. (1997). "The White to Be Angry": Vaginal Davis's Terrorist Drag; in *"Social Text", Queer Transexions of Race, Nation, and Gender"* (No. 52/53), pp. 80-103.

17 Bouzar D., « *"Monsieur Islam" n'existe pas: pour une désislamisation*

Amérique du Nord, ou encore en Tunisie des slogans « dégagistes » du type de « *Ben Ali dégage !* », similairex aux revendications de certain-es *Gilets Jaunes* en France et ailleurs dans le monde à la même période ; et au Maroc, des actions publiques de groupes de jeunes rompant ostensiblement le jeûne du Ramadan en public, alors que cela est interdit par une loi marocaine datant du protectorat français[18].

Les gouvernements de la région négocient tous avec les moins radicaux parmi les « islamistes », qui perçoivent pourtant qu'ils perdront très probablement la guerre idéologique sur le long cours. C'est un combat déjà perdu en partie pour eux du point de vue de l'occupation du terrain médiatique ; face à la multiplication des attentats terroristes de part le monde, ces « islamistes » dits modérés tentent de continuer à mobiliser les masses populaires sur le dos des minorités.

Assistons-nous donc véritablement à un retour du religieux, après des décennies de contrôles des identités, religieuses ou autres ? Ces facettes identitaires associées aux religiosités, telles qu'on les conçoit aujourd'hui, n'auraient-elles jamais disparues ? Ne seraient-elles que remodeler par des citoyen-nes épris de libérations identitaires totales, quitte à risquer d'obtenir le meilleur comme pour le pire ?

Enfin, comment les individus issu-es de minorités sexuelles parviennent-ils/elles à réaliser ce pari d'une articulation alternative intersectionnelle, nécessaire du fait de leur statut politique risqué, entre « retour » d'un religieux désislamisé et non fascisant, et affirmation de corporalités hybrides, libérées de toutes bouc-émissairisations ?

---

*des débats* ». Hachette, Paris, 2004.
18 Article 222 du code pénal qui date du protectorat du général Lyautey.

## 2 - La participation active des minorités de genre et sexuelles aux post-printemps Arabes

Puisque la question du traitement politique des minorités doit nous permettre de tester l'opérationalisation de la théorie d'un « retour » (fascisant) des identités religieuses, de même que la protection contre la « radicalisation » qu'offrirait l'appartenance à deux sub-cultures censées être antinomiques (en Tunisie et au Maghreb plus qu'ailleurs encore) : il faut donc déterminer, avant toute chose, l'existence, ou non, d'une communauté regroupant des individus discriminé-es en raison de leur orientation sexuelle ou de leur identité de genre.

Dors et déjà, on peut dire que du fait de cette quête de dynamiques politiques inclusives, ainsi progressivement mises au diapason international du respect des droits de toutes les minorités, on voit émerger la possibilité d'une communauté - qui n'est guère plus qu'un interstice identitaire en pleine transition à l'heure actuel. Cette communauté LGBT+ ou queer émergente est composée d'individus qui se reconnaissent dans des identités de genre alternatives au modèle patriarcal traditionnel, à différents niveaux et par le biais de divers modes d'affirmations individuelles ou collectives.

De plus, une certaine forme de « culture gay » existerait aussi, selon certains chercheurs, dans le monde arabe[19], en particulier au sein de sociétés relativement libertaires et sécularisées, telles que le Liban et désormais la Tunisie postrévolutionnaire. Cette thèse est très controversée[20], sur la base du fait que les élites occidentales, de même qu'une partie des élites arabes, seraient trop impliquées dans les politiques homonationalistes qui, des deux côtés de la Méditerranéenne, détourneraient les luttes

---

19 Merabet, S, (2014). « *Queer Beirut* », *p. 19-20.* University of Texas. Press.

20 Massad, J. (2007). « *Desiring Arabs* ». University of Chicago Press.

LGBT+[21] à des fins politiciennes, voire capitalistes. Ces homonationalismes, occidental et oriental, travestiraient l'exploitation des masses populaires par la libération de minorités visibles et politiquement de plus en plus « correctes », laissant derrière d'autres minorités encore exclues des dynamiques politiques et donc sociales.

A titre d'éléments de réponse donc, lors de mon étude de terrain en Tunisie en 2016, j'ai pu observer de jeunes homosexuel-les, qui s'identifiaient en tant que « gay » ou « lesbiennes », fréquentaient des lieux de socialisation qui peuvent être identifiés, en Tunisie et en Europe, comme des lieux de rencontre entre HSH (hommes ayant des rapports sexuels avec d'autres hommes). Tout comme en France et ailleurs en « Occident », les lieux de rencontres entre femmes sont beaucoup moins nombreux.

Ces lieux de socialisation peuvent être des cafés connus de la communauté, des hammams réservés aux hommes, aux portes de la *Casbah* de Tunis, par exemple, ou encore des parcs publics fréquentés surtout la nuit par cette « communauté » aux contours, par conséquent, très obscurs. Ce sont des lieux de *melting pot* entre hommes d'origines sociales et aux convictions religieuses les plus diverses, en recherche là, exclusivement, de relations sexuelles entre personnes de même sexe.

Ces espaces de translations, entre différentes sub-cultures, existent en Tunisie à l'heure actuelle, tout comme dans d'autres sociétés dites « arabo-musulmanes ». La question étant de savoir quelle est l'influence, au Maghreb, de ces identités minoritaires sur l'ensemble des dynamiques sociétales en matière, notamment, de corrélation entre sexualités et spiritualités.

En effet, le modèle de la double culture tend à démontrer que Les hommes et les femmes issues de minorités sexuelles ou ethniques, qui se définissent comme lesbiennes, gays ou transidentitaires, font doublement face aux

---

21 Lesbiennes, gays, bisexuel-les, transidentitaires, queer et intersexué-es.

pressions sociales en vue d'un conformisme vis-à-vis de normes majoritaires, en rapport avec les attentes de leurs concitoyen-nes en matière de comportements sexuelles et d'expression du genre, mais aussi en termes d'expressions de leurs religiosités.

En Europe, ce type de pression sociale intersectionnelle au conformisme est renforcé par certaines traditions culturelles ou religieuses. C'est le cas par exemple en France : un état laïc dont la culture majoritaire est pourtant, quoiqu'on en dise, encore fortement teintée de valeurs « chrétiennes », conservatrices[22] ;  tout comme c'est le cas pour ces pressions au conformisme culturel qui sont exprimées au Maghreb, toutes choses égales par ailleurs, par le biais d'un « islamisme » viriliste et panarabiste[23].

Voilà pourquoi je considère que l'appartenance ethnique et l'orientation sexuelle sont des variables distinctes, certes, mais qui se chevauchent, toutes deux impliquées de manière explicite dans la modération de l'expression de l'identité individuelle. Cette dernière étant, en fait, à l'intersection de plusieurs dimensions psychosociales non encore élucidées, selon des chercheurs experts dans le domaine[24]. Les recherches actuelles en psychologie sociale, qui ont tendance à analyser le développement de l'identité individuelle, en particulier, sont en grande partie fondées sur des théories centrées uniquement sur un processus unique d'identité (ethnicité ou orientation sexuelle).

Pour autant, on peut affirmer que si la plupart des gens intègrent plusieurs dimensions identitaires, culturellement et socialement, ces facteurs sub-cultures mutlidimensionnelles, qui entrent en compte dans l'élaboration de

---

22 Todd, E. (2015). « *Qui est Charlie ?* ». Seuil, Paris.
23 Zahed, L. (2017). « *Tunisie arc-en-ciel : désislamisation politiques des identités minoritaires* ». CALEM, Marseille.
24 Fukuyama, M., A. & Ferguson, A., D. (2007). "Lesbian, gay, and bisexual people of color: Understanding cultural complexity and managing multiple oppressions". In *Handbook of Counseling and Psychotherapy with Lesbian, Gay, Bisexual, and Transgender Clients*. American Psychological Association

nos identités, sont rarement étudiés en tant que tels. En outre, la plupart des informations à propos du développement de l'identité sexuelle viennent de la recherche sur des hommes gays considérés comme « blancs », et sont basées sur des perspectives qui mettent l'accent, de manière générale, sur les comparaisons et les écarts vis-à-vis des normes du groupe majoritaire.

Ces doubles limites sont particulièrement préoccupantes lorsque qu'on considère l'impact psycho-social, l'aide nécessaire et les ressources limitées disponibles pour les personnes subissant les doubles discriminations, à l'intersection de plusieurs dimensions identitaires minoritaires, considérées comme « infrahumaines »[25] par la majorité, et parfois même par une partie des minorités auxquelles ces individus doublement minoritaires sont associés.

Par ailleurs, les recherches sur le processus de formation de l'identité semblent renforcer la théorie d'une élaboration identitaire séquentielle, modulable, plus ou moins prévisibles à travers différentes « étapes », constituées de « tests » exploratoires, de prise de décision, de divulgations de relations (« coming-out » plus ou moins graduels), souvent en fonction des implications des individus concerné-es au sein de communautés ou d'associations LGBT+[26]. Encore une fois, il y aurait un manque de recherches scientifiques à propos des individus appartenant à des minorités ethniques, en particulier à propos des femmes lesbiennes de couleur et des individus transidentitaires qui sont souvent le parent pauvre des

---

25 Considérées comme n'étant pas tout à fait humaines, aux comportements jugés indignes. Jeroen Vaes, « "They" are Less Human than "We" are: Modern Prejudice in Human Terms », *Cahiers de l'Urmis* [En ligne], 10-11 | décembre 2006, mis en ligne le 15 décembre 2006, consulté le 08 février 2018. URL : http://journals.openedition.org/urmis/184

26 Leyens, J.-Ph., Demoulin, S., Vaes, J., Gaunt, R., & Paladino, M.P. (2007). Infrahumanization: The wall of group differences. *Social Issues and Policy Review*, 1, 139-172..

mouvements LGBT+ de par le monde[27], et encore plus au Maghreb.

On retiendra de la plupart de ces études qu'elles décrivent la formation de l'identité de genre comme une évolution linéaire ou séquentielle, un processus jalonnés par différentes étapes d'affirmation de son identité minoritaire, qui commenceraient en théorie par la prise de conscience d'une forme d'attirance homosexuelle. Cette affirmation progressive, qui gagnerait en cohérence à travers des tests exploratoires, aboutirait finalement à l'affirmation personnelle et publique d'une dimension identitaire associée à des catégories performatives de moins en moins méconnues dans l'espace publique : « lesbienne », « gay » ou « transidentitaires »[28].

Toujours selon ces modèles théoriques, l'affirmation identitaire, l'annonce par exemple de son homosexualité, est considérée comme un indicateur de l'évolution de la maturité d'un individu, ainsi qu'un signe de bonne santé psychologique ; cet état de fait, par contre, paraît peu compatible voire totalement inimaginables, avec l'affirmation de ces identités alternatives dans un contexte maghrébin, où la plupart des codes civiles nationaux condamnent, d'une façon ou d'une autre, l'homosexualité et encore plus sévèrement la transidentité. Cette hypothèse ethnocentrée est dérivée, au moins en partie, de l'incapacité de la plupart de ces modèles théoriques de démêler les divers aspects internes des dimensions identitaires personnelles au demeurant complexes (sensibilisation, appropriation d'une diversité d'option identitaire possibles, prise de décision).

Ces représentations cognitives internes, souvent inconscientes, varient, à n'en pas douter, en fonction de l'appartenance ethnique des individus, mais aussi du contexte historique dans lequel ils ont à évoluer[29]. Ces facteurs

---

27 Todd, D., Nelson (2009). *"Handbook of Prejudice, Stereotyping, and Discrimination"*. Psychology Press, Londres.

28 Hammack P. (2018). *"The Oxford Handbook of Social Psychology and Social Justice"*. Oxford University Press, New York.

29 Sous la direction de Zahed, L., en collaboration avec Ostmane, Z.

identitaires sont, par conséquent, également en relation directe avec des dimensions interpersonnelles plus sociales, voir politiques (participation communautaire, auto-présentation, acceptation par ces pairs). En réalité, les perspectives théoriques classiques sont, à ce jour, pour la plupart incapables de prendre en compte les effets des influences contextuelles et socio-culturelles multidimensionnelles, intersectionnelles, le changement du cadre géopolitique national et international, ou encore la diversité ethnique inter et intracommunautaire[30].

Il n'en reste pas moins que cette représentation stéréotypée des processus identitaires, basée sur différentes étapes de développement de l'identité de genre, a reçu plusieurs validations expérimentales. Toutefois, des études plus récentes tendent à montrer le développement personnel, dans le domaine de l'identité de genre et de l'orientation sexuelle, comme un processus en constante évolution, sensiblement influencé par le contexte historique et culturel dans lequel ces processus identitaires se développent.

Qui plus est, à ce jour, la plupart des études sur le développement de l'identité sexuelle ont été réalisés avec la participation de « blancs », hétérosexuels, appartenant à la classe moyenne, ou avec des homosexuels d'un certain âge[31]. Très peu d'études sur ce sujet ont inclus des homosexuel-les aux origines ethniques différentes ; encore moins d'études ont porté sur le cas des minorités au sein des minorités, par exemple, à propos des « lesbiennes de couleurs ». C'est la raison pour laquelle un nombre croissant d'études de genre suggèrent que les modèles actuels sont insuffisants pour comprendre le développement de l'identité sexuelle de ces minorités, et probablement pour une compréhension fine du développement

---

(2016). « *Genre interdit : nos années noire, entre totalitarisme et obscurantisme. Mes luttes, ma liberté, mon exil* ». CALEM, Marseille.
30 Fukuyama & Ferguson ; op. cit.
31 Gervacio, J. (2012) "A Comparative Review of Cass's and Fassinger's Sexual Orientation Identity Development Models". *The Vermont Connection: Vol. 33, Article 7*. Disponible en ligne : http://scholarworks.uvm.edu/tvc/vol33/iss1/7

de l'identité de genre, et des identités dites intersectionnelles en général[32], notamment au Maghreb.

La plupart de ces modèles ne prennent pas en compte, entre autre chose, les différentes stratégies d'évitement et de renforcement de l'ego élaborées par des individus minoritaires confrontés à des pressions sociopolitiques, le plus souvent croisées dans de tels contextes. De la même façon, ces études occidentales ne prennent que très rarement en compte les conséquences positives que peut apporter la spiritualité aux réflexions élaborées par des individus confrontés aux doubles discriminations. Pourtant, la spiritualité peut contribuer à donner sens aux évènements, elle peut aussi jouer le rôle de protecteur social au sein de la cité par exemple, elle permet de réduire les troubles psychologiques, les états de stress, elle favorise le lien social dans sa propre communauté[33].

---

32 Savin-Williams & Diamond, L.,M. "Sexual identity trajectories among sexual-minority youths: gender comparisons". *Sexual behavior, 2000 Dec;29(6):607-27.*
33 Mandhouj, O. (2015). « *La place de la spiritualité dans la prise en charge des maladies mentales et des addictions* », thèse de sciences, spécialité Médecine-Psychiatrie, dirigée par le Professeur Henri Jean Aubin, Université Pierre et Marie Curie, Paris. Disponible en ligne - http://cesp-2016.vjf.inserm.fr/wp-content/uploads/these-Olfa-Mandhouj-1.pdf

# 3 - « Tribalisme » : la recherche d'alternatives identitaires ailleurs qu'en Islam

En définitif, en quoi ce modèle de la double culture est-il valable également pour les LGBT+, les HSH et autres minorités de genre ou sexuelles, plus ou moins visibles de l'autre côté de la Méditerranée ? De ce point de vue-là, le témoignage de Lazhar nous offre une description assez détaillée de la façon dont la plupart des HSH parviennent à vivre leur sexualité, la plupart du temps  en toute discrétion, en particulier au cœur même de la capitale tunisienne[34].

Lazhar a 36 ans. Il a grandi dans un quartier de banlieue au sud de Tunis. Son niveau d'éducation est modeste, selon lui principalement en raison de problèmes dus à l'homophobie qu'il a subi lors de son enfance et de son adolescence. Pour les mêmes raisons, toujours selon lui, il n'a pas souvent eu de postes professionnels réguliers. Il vit de petits boulots et de l'argent que lui donnent ses parents.

C'est ainsi qu'il me décrit le quartier dans lequel il vit :

« Les gens sont conservateurs mais ils sont des gens de classe moyenne. Mais la plupart sont [de classe] moyenne et riche. Ce sont [en majorité] des fonctionnaires [qui étaient déjà en place au moment de Ben Ali] ».

Il m'est ainsi donné de comprendre les liens entre l'ancien et le nouveau régime, qui sont bien moins clairs qu'il ne peut y paraître à première vue, de même que les liens entre

---

34 Cf. aussi Zahed, L. (2017). « *LGBT musulman-es : face aux obscurantismes, aux homonationalismes* », *Partie B.* CALEM, Marseille.

bourgeoisie et conservatisme xénophobe, au-delà d'un quelconque « retour » du religieux. Cela peut paraître paradoxal pour un profane, pourtant en Tunisie cela ne semble étonner personne, puisque même les islamistes du parti *Ennahdha* sont décrits généralement, par certains des participant-es à notre étude de terrain, comme « libéraux », voire même « capitalistes ».

C'est ainsi que Lazhar fait le lien entre ostracisation sociale perçue comme majoritaire, et repli sur une « communauté » LGBT+ perçue comme plus inclusive, du moins vis-à-vis de son identité de genre :

« La plupart de mes amis sont des homosexuels que je fréquente. La première fois c'était un peu difficile mais maintenant je peux librement [sortir]. Je fréquente les lieux où se trouvent les homosexuels ».

Lazhar me cite le nom de plusieurs lieux de socialisation, en plein centre de Tunis, connus pour leur clientèle homosexuelle. Il y a plusieurs cafés, dont certains sont situés sur l'avenue centrale : *chari' Habib Bourguiba*. Il y aussi un hammam, près de la Medinah du centre ville de Tunis, qui est presque exclusivement fréquenté par des hommes homosexuels :

« La plupart des gens qui le fréquentent sont des homosexuels. Ils savent très bien que c'est un hammam pour les homosexuels. Même les hétérosexuels. Le week-end c'est toujours plein : le samedi, dimanche. Il y a plein de monde :

une trentaine, quarantaine [de personne]. Il y a des gens qui sortent, des autres qui rentrent ».

Longtemps, il fut traditionnellement reconnu comme un fait historique établi, depuis les études d'E. K. Rowson ou d'A. Schmitt[35], que la principale distinction sexuelle dans le monde dit « arabo-musulman » résidait dans le fait d'établir une distinction, en ce qui concernait les hommes ayant des rapports sexuels avec d'autres hommes, entre le dominant et le dominé. Il en serait également allé ainsi dans la culture grecque antique[36], mais aussi dans les cultures africaines pré-modernes[37]. Cette catégorisation des individus HSH aurait été effectuée, jusque récemment, exclusivement en fonction des critères suivants : d'un côté les « actifs », généralement qualifiés de *luti*[38] ; de l'autre côté les « passifs », généralement qualifiés de *mukhanathun* (hommes efféminés).

---

35  Op. cit. Voir chapitre précédent.

36  Cf. par exemple les travaux de Boehringer, S. (2007). « *L'homosexualité féminine dans l'antiquité grecque et romaine* ». Les Belles Lettres, Paris.

37  Plus d'une vingtaine de cas furent répertoriés du sud au nord et de l'est à l'ouest du continent africain, comme par exemple les *chibados* dans l'actuelle Angola célébraient et « honoraient » même des unions entre individus de même sexe. Voir Roscoe, W. & Murray, S., O. (2001). *"Boy-Wives and Female Husbands: Studies of African Homosexualities"*. Palgrave Macmillan, Londres. Disponible en ligne - http://www.arcados.ch/wp-content/uploads/2012/06/MURRAY-ROSCOE-BOY-WIVES-FEMALE-HUSBANDS-98.pdf

38  En lien avec l'histoire rapportée dans le Coran à propos du « peuple de Loth » : « *d'une part ils étaient décrits comme des pédérastes, et de l'autre comme un peuple agressif qui violait analement les étrangers* ». Rouayheb,

Mais en réalité, il existait de nombreuses catégories performatives, aujourd'hui plus ou moins oubliées, afin de qualifier les identités de genre alternatives : *mustardjilat* (femmes masculines), de *ma'bun,* de *'ilq* (ces deux derniers termes étant considérés en général comme très vulgaires), d'*amrad mu'ajir* (prostitués passifs, dans les cultures islamiques sud asiatiques), de *wasi'* (terme encore plus vulgaire), etc.

Le témoignage de Lazhar nous permet ici de mettre en exergue la fluidité qui existe, aujourd'hui encore, entre ces différentes catégories épistémologiques, plus ou moins anciennes ; les unes et les autres n'existant pas de manière hermétiquement séparée. Chacun-e s'accommode du système patriarcal à sa façon et selon ses besoins.

Mais c'est aussi en termes de fluidité et de dialectique identitaire élargie, à l'ensemble de la société, que se pose la présente problématique décrite par Lazhar. De son point de vue, il ne s'agit pas simplement de  droits humains individuels, de besoins corporels, ou sexuels. En effet, Lazhar cherche également une voie spirituelle, ainsi qu'une communauté religieuse dans laquelle s'insérer. Il s'agirait donc de la question de la place de l'individu en général, et des individus issus ou identifiés comme appartenant à des minorités, qui est en train d'être négocier dans ces sociétés arabo-musulmanes, en particulier en Tunisie. Il s'agit également de se réapproprier les apports culturels du passé, ainsi que ceux apportés par d'autres sociétés autour de la Méditerranée.

Pourtant même si, de manière implicite, une certaine liberté de jouir de son corps, quelque soit votre genre ou vos opinions, reste de mise en Tunisie, il

---

op. cit. ; p. 35.

n'en reste pas moins que la question de l'islam politique, en lien avec le contrôle des corporalités et des sexualités, surtout celles en lien avec des identités considérées comme alternatives, se fait de plus en plus prégnante. Avec en réponse à ce « retour » d'un religieux bourgeois et capitaliste, désormais de plus en plus conservateur et fascisant, nous constatons une remise en question globale de la probité de ces prédicateurs qui en veulent tellement aux sexualités minoritaires, dites alternatives ou transgressives, alors qu'eux-mêmes, pour certains, semblent être loin d'être des parangons de vertu : en effet, plusieurs leaders « islamistes » ont été accusés, avec les campagnes du type *#MeToo* ou *#BalanceTonPorc* dans le monde, de harcèlement sexuel voire plus[39].

C'est cette dysphorie axiologique, au plus haut niveau du leadership des tenants de l'islam politique, de même que la fascisation sans cesse croissante et de plus en plus xénophobe des identités politiques, qui fait rechercher à Lazhar des voix spirituelles alternatives. Il exprime ainsi sa volonté d'affirmer ses doubles appartenances communautaires, ainsi que sa valeur spirituelle en tant qu'être humain, ailleurs qu'en Islam, où l'agression des paires est, de son point de vue, moins forte. C'est ainsi qu'au sein de sa communauté chrétienne il trouve plus de marge de manœuvre, afin de négocier un interstice identitaire, certes subalterne, mais moins oppressif et plus inclusif :

« C'est la question de l'homosexualité avec la question de la religion, de l'islam et du christianisme. Tu vois que l'islam condamne, à ton avis, les homosexuels ? Bon, sincèrement, je dis voilà : on a grandi dans une société où la plupart disaient que, même durant mon enfance, les homosexuels sont punis par Dieu. Ils lui ont lancé des pierres ; c'est ça, c'était des versets du Coran. Le peuple de Sodome et Gomorrhe. C'est dans l'ancien testament, c'est dans la bible. Mais quand j'ai grandi, a 7 ou 6 ans, j'avais un ami homosexuel, mon voisin, il m'a dit : « non, c'est faux, Loth c'est pas les homosexuels ». C'est ce qu'il m'a expliqué. Je suis convaincu parce que j'ai

---

39  20 minutes, 31 janvier 2018. « *Accusé de viols, l'islamologue Tariq Ramadan a été placé en garde à vue à Paris* ». Disponible en ligne - https://www.20minutes.fr/justice/2212247-20180131-islamologue-tariq-ramadan-accuse-viols-place-garde-vue-paris

trouvé [que c'est] quelque chose de ma nature, et je suis né comme ça. Jésus Christ n'a jamais parlé d'homosexualité. Comment après c'est venu ça ? »

Ce qui semble donc poser problème à Lazhar, ce n'est pas tant la fascisation actuelle sur le dos des minorités sexuelles, que les racines de cette dernière, à savoir, selon lui, l'absence de guidance anti-discriminatoire claire de la part des leaders religieux, a commencé par les premiers d'entre eux :

« Pourquoi Jésus n'a pas parlé de l'homosexualité ou des homosexuels ? Il a parlé de la femme qui était prostituée. Elle est venue à lui. Il a parlé de beaucoup de choses mais pas de l'homosexualité et des homosexuel-les. Je pose la question. Même le prophète Mahomet, pourquoi il n'a pas parlé des homosexuel-les ? Pourquoi il m'a créé, pourquoi j'existe, pourquoi je mange. Est-ce que Dieu nous a créé pour nous punir ou pour... C'est ma question. moi je me sens ma relation avec Dieu comme très parfaite, d'accord. J'ai cherché qui est Dieu, au bouddhisme, au christianisme, à l'islam. Si Dieu m'a créé homosexuel et me condamne, pourquoi ? C'est ma faute, ou c'est la faute de Dieu, ou c'est la faute de qui ? Et si c'est la société ou les autres qui voient qu'on est foutu, alors on demande, qui est le fautif ? Est-ce que Dieu a mal créé les humains ? ».

Voilà un questionnement philosophique, éthique et politique, qui éclaire d'un jour nouveau l'émergence dans l'espace publique des revendications, plus ou moins organisées, issue de cette sub-culture « LGBT+ » en Tunisie. Ces revendications émergent depuis la fin de la dictature de Ben Ali et le « retour » plus fascisant que jamais des identités politiques, tout à la fois sanctifiées et contrôlées par une certaine forme d'islamité xénophobe et bourgeoise, post-moderne.

C'est là une problématique à laquelle il n'y a pas de réponse claire ou de pistes de réflexions balisées, ni en Tunisie ni au Maghreb, ce qui pousse certains concerné-es par ces doubles cultures oxymorique, comme Lazhar, à chercher leurs réponses ailleurs que dans l'Islam, trop politisé selon eux.

Ainsi Lazhar va à l'église, car il pense que là les sermons sont moins binaires et plus ouverts au dialogue :

« Je passe sur les versets qui m'intéressent pas. Il y avait un pasteur qui enseignait un jour. Il a dit que l'homosexualité c'est un péché, c'est pas bien. J'ai écouté, et on a passé ça. Presque tous les dimanches, je prie avec les protestants. On donne pas du vin, on donne du jus et un peu de pain. Oui, parce que ça ressemble au sang. Ils disent que c'est assez symbolique, c'est le sang de Jésus. Le pasteur il est sexy : on mange, on boit. C'est très bien l'église ; il y a pleins de versets homophobes, mais moi j'adore les chrétiens (rires). Oui, parce que c'est confortable. Avant j'allais à la Mosquée. Croyez-moi : quand tu parlais à la mosquée, au café, même s'ils ne te savent pas homosexuel, ils critiquent les homosexuels, tu vois : « *il faut les tuer, il faut les condamner* », tu vois ? Mosquée : Loth, Loth, Loth. J'ai dit c'est quoi cette religion !? J'ai dit : je vais quitter cette religion. Il faut être ouvert, ouvert à tous les sujets. Pourquoi c'est toujours un sujet tabou ? ».

Lazhar n'en est donc pas à chercher une guidance spirituelle « gay-friendly », ou une forme d'acceptation civique de ces droits, en tant qu'individu au genre et à la sexualité alternative au modèle hétéronormatif dominant. Il cherche, pour le moment, à ne plus être ciblé comme bouc-émissaire privilégié d'une certaine élite qui, en Tunisie, chercherait à rebattre les cartes politiques sur le dos des minorités :

« J'ai été voir un prêtre catholique en Tunisie. Il est directeur d'une école qui est très connue. On était ensemble dans un bureau fermé, je lui ai expliqué ma situation de A jusqu'à Z. Je lui ai dit que j'étais un homosexuel, mais que la société voulait me changer en hétérosexuel. Je n'ai pas de plaisir chez les femmes. Moi je ne vais pas chez un neurologue pour qu'on me donne des médicaments, en croyant que si un neurologue me donne un médicament je deviens hétérosexuel ».

Lazhar, en cherchant un interstice sociétal où il pourrait socialiser sans être condamné, *a priori*, semble avoir trouvé une porte ouverte chez les chrétiens. Qu'ils soient protestants ou même catholiques, avec des formes de tolérance, d'acceptation diverses, ces communautés minoritaires et elles aussi menacées, partout dans le monde dit arabo-musulman, lui permettent de vivre en toute discrétion, à défaut de l'affirmer haut et fort, cette double appartenance culturelle.

C'est ainsi que la plupart des témoignages que nous avons recueillis lors de notre enquête de terrain font ressortir ce besoin de vivre en paix, sans risquer d'être emprisonné ou violenté, exprimé par des individus qui ne cherchaient pas, *a priori*, à remettre en cause l'ordre établi. Comme le reste de la population, pour diverses raisons, ils en sont venus à entreprendre des aménagements plus ou moins radicaux dans leur vie, afin de se protéger face à la montée des extrémismes élitistes, fascisants et xénophobes, qu'ils soient religieux, bourgeois, capitalistes, ou les trois à la fois.

Certains, comme Lazhar, iront chercher leurs propres alternatives en matière de religiosité et de corporalité, ailleurs qu'en Islam. D'autres entreprennent des négociations identitaires bien plus radicales et provocatrices, notamment afin de susciter une réaction de leurs concitoyennes, de les « terroriser » par le biais d'expressions de genre inédites et choquantes. Cela, à terme, afin d'accélérer le processus de négociation de nouvelles normes sociétales et politiques, plus ouvertes au débat concernant les droits des minorités de genre et sexuelle. Mais avec le risque, inhérent à ce type de militantisme invasif, de voir décupler les prétentions hégémoniques des plus extrémistes, dans le camp d'en face.

En effet, ces « provocations » ne sont pas sans risque pour l'ensemble des individus concernés, qu'ils se considèrent comme HSH ou ostensiblement LGBT+. Dans le contexte révolutionnaire tunisien, comme dans l'ensemble du monde dit arabo-musulman actuel, les minorités les plus visibles semblent être les boucs-émissaires idéaux d'élites économiques et politiques xénophobes, exclusives et conservatrices, en recherche d'objet de terreur à jeter à la face de l'ensemble de la population. Dans un tel contexte, comment la provocation peut-elle considérée comme l'une des solutions ?

# 4 - Une double culture pour retracer les racines de tout « tribalisme » xénophobe

Pour les patriarches les plus conservateurs, la « culture gay » est un affront, d'autant plus lorsque cette dernière est visible et assumée au grand jour. Un mode de vie communautaire, plus ou moins embryonnaire, identifié par certain-es intellectuel-les, et par une partie des principaux concerné-es, comme faisant partie d'une « culture gay » internationale, serait une réalité à Tunis, tout comme à Beyrouth :

« Kaslik en était au début de sa trajectoire, mais, après presqu'une décennie plus tard, ce quartier entièrement reconstruit du centre-ville de Beyrouth est arrivé à la fin de son temps. Jusqu'au milieu des années 2000, le seul quartier qui est parvenu à maintenir de manière constante sa réputation de quartier festif et nocturne d'après-guerre par excellence furent les alentours immédiat de la rue Monot (…). Cette zone reteint une persévérance spatiale très probablement du fait de sa proximité immédiate avec le *khatt al-tamas* (La Ligne Verte) mais aussi du fait que d'autres zones, telles que le district Hamra (Rouge) à l'ouest de Beyrouth, étaient encore en pleine rénovation après la guerre. De manière générale, tous les clubs ne s'adressèrent pas à une clientèle identifiée en tant que *queer*. Et ceux qui le firent attirèrent également des personnalités hétérosexuelles, ce qui initialement rendit impossible la catégorisation de tel ou tel club en tant que spécifiquement ''club gay'' ». (…). Plus d'un homosexuel au Liban doit faire face à un conflit entre l'enregistrement de la réalité de sa propre orientation sexuelle d'une part et l'opposition sociale à la réalité de l'autre. En proclamant que « je suis pas comme ça », de nombreux homosexuels à Beyrouth répudient le comportement    « inapproprié » des autres et, par la même occasion, désavouent leurs propres inclinations sexuelles. Ils enregistrent les particularités de leur identité sexuelle, mais non sans regarder à travers les lentilles normatives d'une société largement hostile »[40].

S. Merabet cite plusieurs cafés qui seraient des lieux de rencontre entre personne de même sexe, en fonction de leur âge et de leur catégorie socio-professionnelle d'appartenance. Je peux également personnellement citer d'autres cas similaires dans la région. Il y a par exemple le café Books que

---

40 Merabet, S. (2004)."Disavowed homosexualities in Beirut". In *Middle East report 230: 33.*

j'ai visité en 2012 ; autant de lieux de socialisations qui rappellent ce que nous décrit Lazhar à Tunis. Mais ces lieux de socialisation auraient existé depuis des siècles. Abdennur Prado, islamologue et ancien président de la conférence pour le féminisme islamique (Barcelone) cite ce vieux quartiers de Cordoue, *derb Ibn Zaydun*, qui depuis des siècles servirait de lieu de regroupement pour les HSH d'Andalousie[41].

Sans oublier le fait qu'après la chute *d'Al Andalus*, l'organisation politique de la société ottomane pouvait aussi donner lieu à l'organisation de *futuwwahs* : des guildes ou confréries, à la base soufies, et directement dévouées au pouvoir califal, destinées en particulier aux gens du peuple. Ces confréries sont là aussi des lieux de nombreuses interactions homoérotiques potentielles, voire homo-sensuelles : entre hommes, j'entends, mais qui ne sont pas obligatoirement sexuelles. Mais lorsqu'elles le furent, ces relations homosexuel-les pouvaient devenir très formelles et précisément codifiées[42].

La réalité actuelle ne peut, ainsi, pas totalement être découplée de son contexte réformiste arabo-islamique post-moderne, parfois révolutionnaire. Quelque soient les stratégies élaborées par certains HSH en dehors du champ de l'Islam, en tant que culture ou en tant que religion : ces expressions identitaires aujourd'hui considérées comme alternatives et

---

41 (2006). « *Homosexualidad en el islam* ». Disponible en ligne - https://www.oozebap.org/text/homosexualidad_islam.htm

42 *"Complementary to the harem system was a conventional pattern of homosexual relations, especially among males, that sometimes became highly formal"*. In Hodgson, M. (1977). *"The Venture of Islam, Volume 2: The Expansion of Islam in the Middle Periods"*, p. 284. University of Chicago press. Disponible en ligne - http://books.google.co.za

provocatrices, ne sont pas en réalité « importées » d'Occident. Cela est un fait historique, en dépit de l'instrumentalisation *crescendo* de l'islam en tant que dogme fascisant, ou de la répression grandissante de la part d'une partie des forces de l'ordre et de juges ouvertement conservateurs qui se réclament de l'islam. Ces élites, nostalgiques à la fois de l'ancien régime et de la grandeur passée, d'un Islam fantasmagorique, pourraient percevoir le « retour » politisé du religieux, avant tout, comme l'opportunité de se faire les chantres d'une masculinité perçue, en réalité, comme toute puissante.

Ce processus de virilisation des identités, puis de répression, s'effectue notamment par le biais de lois qui n'ont plus été appliquées, pour certaines, depuis plus de cent ans (bannissement régionale, déportation pour « sodomie », etc.). Tel le symptôme d'une post-modernité qui puise, pour le moment, dans le pire de ce que le passé juridique du pays peut offrir : cette injonction au conformisme identitaire touche toutes les strates politiques de la société, des plus laïcs aux plus religieux, avec des répercussions très négatives sur les conditions de vie des LGBT+ (et des HSH), comme le décrivait précédemment Lazhar, tout au long de sa vie.

Afin d'illustrer très concrètement la recrudescence des décisions de justice criminalisant l'homosexualité en Tunisie, je reprendrais ici les propos d'Assaad ; un jeune homme de trente ans à l'époque, ayant défendu à ce jour sa thèse à propos du droit des minorités (linguistiques, ethniques, de genre) en Tunisie, depuis l'indépendance à nos jours :

« Il y a une distinction quand on dit minorité sexuelle, il y a une différence entre identité sexuelle et orientation sexuelle. En Tunisie, ce qui est criminalisé c'est la pratique, ce n'est pas l'identité sexuelle. Donc tu peux le dire partout, à la télé, dans la rue. Ils ne vont pas t'arrêter parce que tu as dit ''*je suis homosexuel*''. Par exemple en Arabie Saoudite, le simple fait de prononcer ça dans la rue ou dans les médias, tu vas être arrêté. Pour eux c'est la religion. Alors qu'ici c'est la pratique, parce que l'article 230 du code pénal[43] criminalise la pratique, sauf que le mot utilisé dans l'article 230 n'est pas clair [en arabe][44]. Après, ça dépend des applications des juges, comment ils vont définir cette expression ou ce mot. Est-ce que c'est seulement une pratique [particulière], donc la pénétration, ou c'est aussi d'autres actes qui ressemblent à la ''sodomie'', c'est-à-dire qui sont pratiqués entre deux personnes de même sexe : la fellation ou ce genre de choses ? Parce qu'il a y eu des harcèlements de la part d'agents de l'ordre. Par exemple, quand ils trouvent dans une voiture des mecs dans le noir ensemble, ils commencent à les harceler... C'est encore arrivé il y a un mois : deux personnes ont été arrêtées dans une voiture. J'ai lu ça dans un rapport d'Amnesty de 2015, ils ont parlé des harcèlements. Genre tu te balades avec quelqu'un dans un jardin, ils soupçonnent ton apparence, que tu es comme ça... Donc ils t'arrêtent ! Normalement, les homos peuvent refuser de passer le test anal, selon certains articles. Mais sous le coup du harcèlement, la plupart du temps, ils sont obligés de passer les tests anaux ».

Ces citoyen-nes ainsi aliéné-es par la force publique, contrairement aux apparences, ne sont pas condamnés sur la

---

43 *Article 228 bis (Nouveau).* L'attentat à la pudeur commis sans violence sur la personne d'un enfant de l'un ou de l'autre sexe âgé de moins de dix-huit ans accomplis, est puni de cinq ans d'emprisonnement. La tentative est punissable. *Article 229 (Nouveau).* La peine est le double de la peine encourue, si les coupables des infractions visées aux articles 227 bis, 228, 228 bis sont des ascendants de la victime, s'ils ont de quelque manière que ce soit autorité sur elle, s'ils sont ses instituteurs, ses serviteurs, ses médecins, ses chirurgiens dentistes, ou si l'attentat a été commis avec l'aide de plusieurs personnes. *Article 230.* La sodomie, si elle ne rentre dans aucun des cas prévus aux articles précédents, est punie de l'emprisonnement pendant trois ans. Source : association des juristes tunisiens. Disponible en ligne -
http://www.jurisitetunisie.com/tunisie/codes/cp/cp1200.html
44 N.D.E.

base de critères culturels ou religieux clairs. C'est bien la question de la virilité de « l'Homme Arabe » idéalisé, tel que décrit par des auteurs égyptiens tels que le prix Nobel Naguib Mahfouz (1911-2006)[45].

Artiste engagé, inclassable idéologiquement selon les critères fascisants de son époque, N. Mahfouz suscitait un dilemme aux gouvernements panarabistes de la fin du XXe siècle, ainsi que son héritage pose problème à leurs héritiers de ce jour. C'est dans cette même optique, et non pas en terme d'identités arabo-islamiques *stricto sensu*, qu'Assad analyse également la résurgence de la phobie d'Etat envers toutes les minorités visibles, en particulier lorsque cet enjeu identitaire et politique tourne autour de la masculinité :

« Le code pénal a été adopté en 1913 par un décret beylical. La version arabe parle des deux : elle parle de l'homosexualité masculine et féminine : *liwat*[46] et *musahaqa*[47]. [Bien qu'on] ne peut pas prouver l'homosexualité féminine ! Et quand on se réfère aux différentes décisions et arrêts des cours et tribunaux, on ne trouve jamais des femmes qui ont été condamnées pour ça, on trouve toujours des hommes. Pourtant il y a des lesbiennes en Tunisie autant qu'ailleurs, plus que ça même ! Le juge était obligé d'avoir une preuve de délit flagrant pour condamner les *musahaqat*[48]. Le texte est silencieux, il ne dit pas : *« si on trouve quelqu'un en état de flagrant délit,*

---

45  Cf. par exemple Mahfuz, N. (1947). « *Zuqaq al-midaq* » [L'allée Midaq], p. 10 & 12. Maktabat Misr, Le Caire.

46  Littéralement : « *pratique du peuple de Loth* », à Sodome et Gomorrhe.

47  Littéralement : « *frotteuse* ».

48  Pluriel de « lesbienne », *musahaqa*.

*donc...* ». Le juge a le droit de prouver ça par n'importe quel moyen ».

Il ne s'agit pas seulement de la question de l'homosexualité, ou du genre en général, mais également d'un durcissement sans précédent, au début du siècle dernier, des règles du vivre ensemble qui se polarisent, dès lors, autour d'une représentation identitaire fascisante en terre d'Islam. Une identité dite « arabo-musulmane » fantasmée, introduisant de plus en plus de communautarisme, phobique de l'interculturalité, fermée à toutes formes d'hybridité identitaire considérées comme venant d'ailleurs et menaçant, selon cette élite, la masculinité des patriarches au pouvoir.

Par exemple au Maroc, ce sont les mêmes raisons qui conduisirent à l'interdiction de manger dans la rue durant le mois de Ramadhan, uniquement pour les musulman-es ; l'interdiction aux non-musulman-es d'entrer dans les mosquées ; l'interdiction du blasphème ; la contrainte envers la femme ou la jeune fille violée afin qu'elle épouse son violeur, etc. Toutes lois liberticides, qu'on associe communément à la *charia*, sont en réalité fondamentalement liées à la radicalisation des identités virilistes et xénophobes, au moment de la domination du nord sur le sud de la Méditerranéen. La colonisation n'explique pas tout, mais c'est un facteur incontournable des études à propos de la double radicalisation xénophobes des identités des deux rives de notre Méditerranée.

Il n'en reste pas moins que l'application de ces lois, notamment en matière d'interdiction de la sodomie entre adultes consentants dans un espace privé, est identifiée par Assaad comme la tête de proue du retour d'un prétendu « ordre moral », appliqué en fonction d'une stratégie de protectionnisme identitaire et patriarcal implicite :

« Je me suis référé [pour ma thèse] aux décisions des cours pendant le protectorat, jamais j'ai trouvé une condamnation de ce genre. Même après l'adoption du code en 1913, il n'y a jamais eu d'application de ces lois. Même en 1982, un arrêt de la cour de cassation : bien qu'ils aient arrêté deux mecs pour ça, ils n'ont pas appliqué l'article 230. Si c'était en privé et qu'il n'y avait pas, par exemple, adulte et mineur, on n'appliquait pas l'article 230, on va appliquer les articles qui sont en lien avec la pédophilie. Mais on appelle ça *attentat à la pudeur*. Parce qu'attentat à la pudeur ce n'est pas forcément deux de même sexe. Si c'est deux de même sexe, il faut que ce soit pas en privé, il faut que ce soit pas deux adultes, et ça peut être aussi sans consentement ».

Pourtant, sous le régime de Ben Ali, il était difficile d'établir des statistiques judiciaires précises sur l'application des lois criminalisant l'homosexualité. Tout comme c'est encore le cas aujourd'hui pour la Libye, du fait du chaos qui s'y déchaîne.

Cependant, un lien clair a pu être établi entre le mode de vie des communautés LGBT+ en Occident, et les revendications politiques de certain-es LGBT+ au Maghreb :

« Il est troublant de rapprocher l'offensive juridique actuelle de plusieurs pays arabes et musulmans contre l'homosexualité avec – concomitante – la dépénalisation et l'acquisition d'un statut juridique pour les homosexuels dans de nombreux pays occidentaux (offensive d'ailleurs en contradiction avec l'idée communément répandue de la tolérance des sociétés musulmanes à l'égard de ces pratiques sexuelles). Chez beaucoup d'intellectuels arabes, la représentation de la masculinité s'exprime aujourd'hui à travers l'identité biologique du partenaire sexuel (homme, femme) tout autant que par le rôle sexuel assuré par ce partenaire. La sexualité est devenue l'un des principaux paramètres qui structure la masculinité. Par ailleurs, l'interdiction des relations sexuelles entre hommes se dit indissociable de la pratique religieuse, et semble devenir un véritable ''enjeu identitaire''. Aussi, il devient encore plus important aujourd'hui qu'hier d'historiciser les arguments utilisés par les musulmans pour légitimer leur décret. Saisir, en effet, la logique et l'articulation des arguments religieux et des arguments médicaux ou ceux encore plus ''vagues'' qui se réfèrent à la ''nature'' revient à mettre en perspective le ''fond'' commun entre les thèses musulmanes et occidentales. En dissociant l'interdit de la religion, qui devient accessoire dans cette construction, nous montrerons que les processus en jeu sont d'abord des élaborations sociales. Ils sont ensuite en constante évolution et les significations sont difficilement transposables d'une époque à l'autre »[49].

C'est donc bien à partir de construction socio-politiques, xénophobiques et paranoïaques, que la répression sexuelle aurait atteint son paroxysme dans le monde dit « arabo-musulman », de manière concomitante à des tensions sociales propre à tous contextes pré puis post-révolutionnaires :

« Il y a un moment dans l'histoire récente de la Tunisie où l'État devient plus ouvertement homophobe, on peut dire, avec la montée du militantisme LGBT. C'est-à-dire après tout ce qui est arrivé après les événements de la révolution, après que le truc soit devenu visible, parce qu'avant c'était invisible, on n'en parlait jamais. Au début ce n'était pas très remarquable. Et puis après, lorsqu'il y a eu l'apparition des militants LGBT, ça a commencé à augmenter. en 2015, une courte période, entre juin et septembre. En juin ils ont arrêté quelqu'un à Sousse ; en

---

49 Mezziane, M. (2005). « *Le sodomite et l'efféminé dans l'Islam du IXe-XIe siècle. Statut juridique et représentations sociales* ». Mémoire de DEA - EHESS, Paris. Disponible en ligne - http://www.mohammedmezziane.com/Mezziane-sodomite-effemine.pdf

septembre, ils ont arrêté un groupe à Kairouan. Alors là... Le jugement du tribunal de première instance de Kairouan, c'était comme un jugement d'Arabie Saoudite ou de l'Iran. Les attendus de la décision ? C'était catastrophique ! Il disait des choses genre *''ils vont propager leur... comment il a appelé ça... leur perversion''*, ou quelque chose comme ça ».

Cette période de pic, en 2015, semble être ainsi celle d'un basculement dans le traitement politique des identités de genre alternatives. Cela est dû, d'une part, à la visibilité accrue des minorités sexuelles de plus en plus actives au Maghreb, certes. D'autre part, et cela peut paraître paradoxal, ce pic de répression homophobe n'aurait pu être possible sans un contexte contre-révolutionnaire, propice à la remise en question de toute ouverture interculturelle jugée « excessive », voire occidentalisée, par une majorité de la population en recherche de leaders politiques en mesure de conserver, au maximum, un ordre sociale déjà fragilisé et sensibilisé.

Selon Assaad en tout cas, il ne fait aucun doute que la violence verbale, au sein de l'espace publique et médiatique, atteint en ce moment même des niveaux à peine croyable, à la limite du délire paranoïaque, et du complexe de castration, exprimés par certains hommes politiques tunisiens :

« Ils ont commencé à critiquer [les associations LGBT+] : *''Ils sont un danger pour la paix sociale''*. Il faut aussi mentionner que quelques jours avant l'arrestation et la condamnation de ces jeunes [de Kairouan], un député d'*Ennahdha*[50], lors de la

_______________________________

50 Parti « islamiste » tunisien.

discussion du budget de l'État 2016-17, a critiqué l'association. Il a commencé à dire que ce type d'association, les homosexuels [en général], sont [comme] des terroristes avec des armes qui tuent des gens. Parce que quand-même, quelqu'un qui présente un danger pour la paix sociale, attends, c'est quelqu'un qui fait des choses contre l'ordre public, la sécurité, tout ça ; mais les homosexuels... !? L'identité sexuelle, ne parlons pas de l'orientation sexuelle, parce qu'il y a des hommes mariés qui le font [HSH]. Donc il vaut mieux, selon moi, avoir un article [de loi] qui met en prison des gens qui trompent leur femme avec des hommes, que de mettre en prison des jeunes, et je dis bien des jeunes. Parce que, les pauvres, ils n'ont pas d'antécédents, ils n'ont rien fait dans leur vie que d'aimer des gens de leur sexe, donc attends, tu les mets en prison !? Depuis 2013, jusque là, on est en train de mettre la jeunesse en prison. On ne fait que de mettre la jeunesse en prison. On fait monter dans le gouvernement des vieux qui ne savent rien faire dans le pays. Le pays va très mal, franchement... ».

L'homophobie d'État, tout comme la classification dans la catégorie performative de « terroristes » de toute une partie de la population, est donc bien, au Maghreb comme ailleurs, un outil de contrôle des masses populaires.

Pour autant, le fait de comparer les minorités sexuelles à des minorités « terrorisantes », voire tout bonnement à des terroristes, est un outil idéologique qui serait exclusivement utilisé par les leaders Arabes :

« [Certains sociologues iront] jusqu'à décrire comment certain-es transidentitaires sont perçu-es par le reste de leur nation comme des « terroristes », métaphoriquement parlant : du fait qu'ils terrorisent leurs compatriotes d'un point de vue esthétique, certes, parce qu'ils ou elles ne correspondent pas du tout aux normes de beauté stéréotypiques. Mais également d'un point de vue social, parce qu'ils ou elles remettent radicalement en cause les normes sociales, notamment celles liées à la place du féminin et du masculin, de manière subversive, *queer* et en totale *désidentification*[51] avec les normes de genre hétéronormatives[52] ».

Par ailleurs, dans le cas où cette recrudescence serait bien réelle statistiquement, serait-ce en raison d'une tentation du totalitarisme qui persiste, usant des minorités « terroristes » afin de détourner les regards du réel danger : la crise économique dans laquelle s'enfonce peu à peu la Tunisie depuis 2011 ?

Ainsi, les politiciens donneraient dans le virilisme tout puissant, en s'appuyant s'il le faut sur une pseudoscience éculée (théorie de la sexualité veille de deux siècles), par l'excavation de lois coloniales désuètes et oubliées (bannissement, atteintes à la pudeur), sanctifiant leur point de vue par le biais d'un détournement sémantique des traditions dites arabo-musulmanes (Coran, hadiths), parce qu'ils pensent devoir rassurer, mais aussi distraire la population, en tapant sur les minorités les plus faibles et les moins organisées.

---

51 Infra : « *La désidentification est censé décrire les stratégies de survie pratiquées par des individus appartenant à une minorité, en vue de négocier une sphère publique majoritaire phobique, qui élude ou punit continuellement l'existence de sujets qui ne sont pas conformes au fantasme de la citoyenneté normative* ».

52 Zahed, L. « *Islams en devenirs...* » ; *op. cit., Chapitre 2c.2.* Voir aussi Muñoz, J., E. (1997). "The White to Be Angry": Vaginal Davis's Terrorist Drag; in *"Social Text", Queer Transexions of Race, Nation, and Gender"* (No. 52/53), pp. 80-103.

Malheureusement cette propagande fonctionne, bien qu'étant basée sur des détournements sémantiques successifs et intersectionnels, ici comme ailleurs.


Dans un tel contexte de lutte fratricide entre deux formes de masculinité toute puissante, les nationalistes islamistes d'un côté et les nationalistes laïcs de l'autre, les hommes efféminés semblent être les victimes collatérales « privilégiées » d'une telle propagande. Ces derniers bombent le torse, afin de rassurer une majorité de maghrébin-es en demande de stabilité et de puissance, quitte à se rendre complices de pogroms envers les minorités sexuelles, mais également religieuses, ethniques ou linguistiques. Tel que ce fut le cas, dans l'histoire récente de ces peuples, pour les coptes égyptiens, syriens et irakiens, ou encore les juifs maghrébins, qui furent et sont encore chassé-es de la terre de leurs ancêtres sous couvert de lutte contre une prétendue invasion culturelle israélo-occidentale.

Ces phénomènes de discriminations de bouc-émissaires au sein de sociétés dites arabo-musulmanes, pourraient apparaître comme une forme de réislamisation de ces dernières. Pourtant, il s'agit bien là de l'utilisation des corporalités, des islamités et des ethnicités, à des fins tribales, au sens freudien du terme[53]. Ce tribalisme atavique, un instinct

---

53 Freud, S. (1923-2001). « *Totem et tabou* », *p. 108.* Petite bibliothèque

animal, doit être considéré comme la racine première et déterminante de cette forme culturellement ancrée de « nationalisme » xénophobe.

Ce n'est donc pas du tout la même chose, en termes d'analyse psycho-sociale ou sociologique[54]. Ce « retour du religieux » ne pourrait être qu'une forme particulière de retour atavique à un instinct de conservation, qui voit dans les hommes forts et virilistes de la « tribu » un moyen de survivre en humiliant, voire en sacrifiant, ceux et celles considéré-es comme les plus faibles. D'encourager chaque individu, au sein et à l'extérieur de ces sociétés dites arabo-musulmanes, à cultiver une conception interculturelle de nos identités individuelles, semble être le meilleur des remparts contre la tentation des « identités meurtrières »[55]. Car personne ne peut raisonnablement que ce sont les identités, pas plus que les religiosités, qui aient jamais perpétré quelque génocide que ce soit.

---

Payot, Paris.

54 Je ne reviendrai pas sur les origines inconscientes de ces dynamiques de discriminations des minorités ethniques, religieuses, sexuelles, en temps de crise. Voir Zahed, L. (2017). « *LGBT musulman-es : face aux obscurantismes, aux homonationalismes* », chapitre III. CALEM, Marseille.

55 Titre éponyme du livre de Maalouf, A. (1998). « *Les identités meurtrières* ». Grasset, Paris.

# 5 - Virilisme hégémonique, sanctifiée : l'instrumentalisation « tribaliste » de l'Islam

Afin d'illustrer jusqu'où peut aller, à l'heure actuelle au Maghreb, l'opérationalisation de ce « retour » du tribalisme le plus animal, sanctifié sous couvert de religiosité, je vais maintenant détailler mon entretien avec le jeune Dali. C'est l'un des étudiants qui furent emprisonnés le 4 décembre 2015 à Kairouan, traditionnellement considérée comme la quatrième ville sainte de l'islam, l'un des gouvernorats les plus conservateurs de Tunisie.

Au moment de notre entretien, qui se déroula fin 2016 dans un café du centre ville en face de la grande horloge de l'avenue Habib Bourguiba[56], Dali a vingt-trois ans. C'est l'un des six jeunes hommes qui furent arrêtés à Kairouan en raison de leur homosexualité ; ils avaient tous, à l'époque des faits en 2015, entre dix-huit et vingt-et-un ans[57].

---

56  Entretien effectué le 27 septembre 2016 à 18h, soit un an après les faits. Ce dernier est réalisé par L. Zahed et S. M. Charfi, en arabe, puis traduit en continu au fur et à mesure de la discussion. Il sera entièrement retranscrit par Samira Yssabé, co-auteur du livre « *Tunisie arc-en-ciel...* » ; op. cit.

57  HuffPost Tunisie, 7 janvier 2016. « *Tunisie : Condamnés et bannis de la ville de Kairouan pour homosexualité, les six jeunes sont en liberté (provisoire)* ». Disponible en ligne - http://www.huffpostmaghreb.com/2016/01/07/tunisie-homosexualite-liberte_n_8931370.html].

Dali était étudiant à la faculté des langues de Kairouan, il étudiait l'arabe. Il affirmait vivre à l'époque « *comme n'importe quel tunisien* », sans soucis particuliers. Depuis tout jeune il voulait devenir professeur d'arabe. Il était par ailleurs engagé comme « militant », me dit-il, au sein de l'UGET : l'Union Générale des Etudiant-es Tunisien-nes. Il était sur le point d'être élu au Bureau national de ce syndicat. Il perpétuait en cela l'exemple initié par son père :

« depuis l'âge de douze ans, parce que mon père était de gauche. Pas vraiment communiste mais en tout cas de gauche. C'était un peu une tradition familiale. [J'ai commencé à militer] à l'âge de dix-neuf ans. Avant d'aller à la fac déjà, au sein de la coalition de gauche. [Le syndicat] rassemble tous les progressistes, qu'ils soient de gauche ou de droite, mais il y a plus d'étudiants qui sont beaucoup plus de gauche. A l'université, la droite est d'un côté et la gauche est d'un côté. [Mais] même les panarabistes-, même les nationalistes arabes dans l'UGET sont de gauche ».


Le jour où Dali et ses amis furent tous arrêtés, aucun des représentants de son syndicat ne les défenda. Le commissaire de police se serait chargé personnellement de leur interrogatoire :

« [Il] me disait *"tu sais que l'université des lettres de Kairouan c'est la première université qui recrute les djihadistes qui partent en Syrie ?"*, je lui ai dit *"oui je sais, mais ce que tu ne sais pas c'est que moi je suis juste un étudiant, j'ai rien à voir avec ces histoires"*. Il m'a dit *"non moi je connais mon travail, ne me montre pas comment faire mon travail"*. Et ils ont pris le PC aussi de la maison quand ils m'ont arrêté, le PC qui avait été volé à l'association Shams. Donc ils ont rien trouvé dans notre maison. Alors ils nous ont demandé d'ouvrir le PC, mon ami a refusé : *"le mot de passe je le donne pas"*, alors ils ont commencé à le frapper. Six policiers qui se relayaient pour le frapper parce qu'ils voulaient vraiment absolument trouver quelque chose. Et il a fini par leur donner le mot de passe ; ils ont finalement trouvé des films pornos gays. Un des policiers a dit "ah non ceux-là en fait c'est pas des djihadistes, c'est des *ghilman*[58] ».

Dali aura beau tenter de se défendre, ce sera peine perdue. En dépit du fait que cet ordinateur, qui contenait des films pornographiques gays, ne lui appartenait pas, il sera jugé comme ses compagnons d'infortune :

« Ils ont commencé à écrire leur rapport sur notre délit, soi-disant notre crime, sans nous poser de questions, donc moi je voulais lire ce rapport. Il m'a dit *"non c'est pas la peine"*, il m'a frappé. On a fini par confirmer sans lire le rapport. Ils ont eu nos aveux sous la contrainte, alors qu'on avait rien avoué, ni commis aucun crime. On a été mis dans les cellules du poste de police, on a été enfermés. Le vendredi soir on y était. Ce jour où on a été arrêté, on nous a mis tous seuls, isolés des autres prisonniers. Donc il y avait les hommes d'un côté, les femmes de l'autre et nous on était au milieu ».

---

58 Ce terme est également utilisé dans le Coran (chapitre « Le Miséricordieux » : 52.24). C'était également le terme utilisé par les Ottomans afin de désigner ces bataillons de jeunes esclaves, virils le jour sur le champ de bataille, dociles et doux la nuit dans la couche de leurs maîtres. Voir par exemple Zahed, L . (2017). « *Islams en devenirs : l'émergence d'éthiques islamiques libératrices, par la conscience accrue des genres et des sexualités* ». CALEM, Marseille.

On retrouve ici une référence aux eunuques de l'empire ottoman, des *ghilman,* qui étaient le plus souvent des subalternes et pouvaient, du fait de la structure méritocratique de l'administration ottomane, accéder aux plus hautes responsabilités politiques. Il est loin le temps où certains d'entre eux pouvaient même devenir les sentinelles attitrées des lieux saints de l'Islam : entre deux identités sexuelles, entre mâles et femelles, ils permettaient en quelque sorte de réguler les dynamiques politiques et sociétales entre les deux sexes.

Pourtant, ces hommes « *sans attributs de la masculinité* », comme les décrit le Coran[59], sont traités aujourd'hui comme des parias. Du fait du virilisme panarabiste, sous couvert d'une religiosité dévoyée qui n'est plus en lien avec la culture islamique la plus susceptible d'être considérée comme authentique, ils ne sont plus considérés comme les héritiers spirituels de ceux et celles qui détenaient autrefois les clés des *harams* : les lieux saints de l'islam à la Mecque et Médine.

Les représentants du pouvoir, dans les différents pays du Maghreb, ne savent pas quoi faire d'eux, alors ils les placent dans un espace en translation, à l'image d'une société en pleine transition, entre sexisme et homophobie. Une partie des forces de l'ordre tunisiennes, du fait des lois homophobes encore en

---

59 Zahed, L. (2017). « *Homosexualité et transidentité en Islam : étude systématique et systémique des textes arabo-islamiques* ». CALEM, Marseille.

vigueur dans le pays, pensent pouvoir disposer du corps de ces jeunes *ghilman* sans rendre de compte à quiconque. La loi de la république tunisienne, qui n'est pas encore faite par tou-tes et pour le bien-être de tou-tes, se tient encore aux côtés des oppresseurs pétris de sexisme et d'homophobie :

« Ils nous ont emmené à l'hôpital. Je pensais qu'ils allaient nous faire un test de drogue, mais en fait c'était pour les tests anaux. Donc devant la porte de l'hôpital on trouve un médecin légiste. Et quand j'ai vu que c'était la section légale de l'hôpital, j'ai compris que c'était pour un test anal. Donc ils nous ont donné une feuille et encore une fois, sous la contrainte, ils nous ont demandé d'écrire textuellement qu'on lui donnait l'autorisation de pratiquer le test, pour que j'accorde la permission à tel médecin d'appliquer tel type de test sur mon anus, etc. Moi j'ai déchiré la feuille, parce que je lui ai rappelé que la Constitution garantit la liberté individuelle, la vie privée, et ne permet pas aux agents de l'État de violer l'intégrité des corps des citoyens. J'ai déchiré la feuille. Donc il m'a dit "ah oui ? Tu vas voir". Il m'a fait sortir dehors, il m'a donné deux gifles, et je lui ai dit "tu peux me frapper jusqu'à demain, je vais pas me faire tester". Donc ils me l'ont fait rentrer de force : deux personnes qui me tiennent les mains, deux qui me tiennent les bras en rigolant, et le médecin qui finalement me pénétrait analement pour me tester. On a subi le test et on est retourné aux cellules. On a passé le samedi toute la journée là-bas seuls ».


S'ensuivra la tenue d'un simulacre de procès, en catimini, durant lequel les avocats de chacun condamneront ouvertement et unanimement les pratiques, dites « sodomites », de leurs jeunes clients, pourtant innocents de toutes les charges qui leur ont été reprochées.

Ainsi livrés à eux-mêmes et sans protection, bien loin du traitement qui est censé leur être réservé au « Paradis », selon une certaine tradition islamique, ces jeunes *ghilman* se retrouvent entre les mains de leurs tortionnaires, qui n'hésitent pas à leur infliger sévices corporels, tortures et humiliations en tous genres.

Mais le sort de ces malheureux semble s'éclaircir, car dehors, la société civile se met en branle et organise leur défense. Plusieurs associations LGBT+ et de défense des droits des minorités travaillent sur la visibilité de telles exactions, notamment à l'international.

Son expérience unique de l'homophobie d'État permet à Dali d'élaborer une analyse particulièrement fine des racines du mal. Afin de nous expliciter son point de vue, il développe le récit de son vécu après ces événements tragiques :

« A mon avis, ces gens-là utilisent la religion pour arriver à leurs fins. Moi je m'imagine pas que leur idéologie [soit "humaniste"]. Par exemple, quand ils parlent de la question à propos des minorités sexuelles : sur la scène publique, ils disent quelque chose, mais après dans leur application, c'est autre chose. Ils n'appliquent pas [leur discours progressiste]. Quand ils disaient par exemple : *"nous, on a pas de problème avec les minorités sexuelles"*. Mais ce n'est que de la manipulation, parce que dans la réalité, sur Facebook et tout ça, tu vois qu'ils sont contre (…). On ne peut pas nier que les Frères Musulmans ce sont de bons politiciens, des rhétoriciens. Et il faut mentir, il faut manipuler pour appliquer le régime qu'ils veulent atteindre ».

Enfin, nous revenons avec Dali sur une autre des contradictions rhétoriques de ces partis dits « islamistes ».

C'est la question du positionnement économique, là aussi proche des partis d'extrême droite européenne, qui se veulent, tout comme les « islamistes » fascisés et populistes, à la fois proches des préoccupations des gens du peuple, mais en réalité foncièrement libéraux, voire outrancièrement capitalistes. En dépit de leurs affirmations selon lesquelles « *l'islam est la solution* », leur programme économique semble n'être rien d'autre qu'une variante « islamisée » du capitalisme le plus sauvage, tel qu'il est pratiqué, par exemple, par les monarchies du Golfe persique :

« Comme je l'ai dit depuis longtemps, c'est la rhétorique politique, le double discours. Ils sont toujours de droite, je les ai toujours vus comme des gens de droite et qui mentent pour arriver à leur but. Il y a des circonstances particulières mais qui nous montrent très clairement qu'ils peuvent changer de discours pour arriver à leurs fins ».

Concernant le libéralisme affiché du parti dit « islamiste » en Tunisie, comme le souligne le politologue et chercheur au CNRS, spécialiste de la Turquie, Vincent Geiser :

« L'AKP [parti islamiste au pouvoir en Turquie] est le modèle officiel de Ghannouchi. Mais son modèle est plutôt la réussite de l'AKP. En réalité, Ennahdha n'a pas comme l'AKP une base d'entrepreneurs, il n'a pas non plus la même histoire »[60].

---

60 Propos recueillis par Lucato, C. (6 février 2013). « *TUNISIE. D'où vient le*

C'est ce genre d'idéologie, à la fois économiquement libérale et axiologiquement fascisante, qui mènera l'ancien ministre de la justice, Ahmed Mestiri[61], à affirmer un point de vue sans ambages vis-à-vis des soi-disant « islamistes » en Tunisie :

« Je suis en désaccord avec les islamistes quant à la conception de la société, au présent comme à l'avenir, quant aux rapports de la religion avec le politique, l'usage de la violence comme moyen d'action, et la définition des droits de l'Homme et des Libertés fondamentales »[62].

Néanmoins, Mestiri affirmait qu'il faut à tout prix :

« garder ouverts les canaux de dialogue avec le courant islamiste, de ne pas les rejeter dans le ''Ghetto'' et les isoler de la communauté nationale, démarche qui conduirait facilement à renforcer les adeptes du fanatisme, de l'extrémisme et de la violence, au détriment des éléments modérés qui croient en l'efficience de l'action politique pacifique »[63].

---

*parti islamique Ennahdha ? »*. Disponible en ligne - http://tempsreel.nouvelobs.com/monde/20111027.OBS3399/tunisie-d-ou-vient-le-parti-islamique-Ennahdha.html
61  Né le 2 juillet 1925 à La Marsa, est un avocat et homme politique tunisien. Il épouse Souad Chenik, fille de l'ancien grand vizir M'hamed Chenik. Dans le premier gouvernement formé par Habib Bourguiba, le 15 avril 1956, Mestiri se voit confier le ministère de la Justice. En avril 1986, il est arrêté, emprisonné puis mis en résidence surveillée à la suite de sa participation à une manifestation. En 1989, il se retire volontairement du secrétariat général du MDS puis met fin à toute activité politique.
62  Mestiri, A. (1999). « *Témoignage pour l'Histoire* », *p. 334-336*. Sud éditions, Tunis.
63  Supra.

D'autant plus qu'en Tunisie, de même que dans d'autres pays du Maghreb :

« la vaste campagne répressive engagée contre les islamistes n'était que le prélude au déploiement de tout un programme conçu pour éliminer dans le pays toute opposition réelle qui soit en mesure de résister au pouvoir absolu »[64].

De ce fait, si on en croit l'analyse effectuée par Dali, une nette victoire des partis dits « islamistes » en Tunisie ouvrirait la porte à tous les extrémismes, telle une boîte de Pandore qui n'a pas encore été totalement forcée, du fait de la vigilance et des risques pris par ces citoyen-nes engagé-es sur le terrain, au quotidien, pour la défense des droits humains.

Pourtant, comme nous allons le constater parmi la jeune génération, certain-es militant-es pour les droits des minorités, désormais partisan-es d'identités culturelles empreintes d'interculturalité, ne sont plus prêt-es à octroyer autant de concessions aux oligarchies militaro-économiques du Maghreb ; dussent-ils prendre le risque d'un « fascisme vert », plus totalitaire, contrôlant encore plus explicitement leurs corporalités.

Car en effet, comme le précise Hannah Arendt, la phase initiale de la fascisation idéologiques des identités est cruciale, surtout lorsque la jeunesse est concerné par *l'hubris* politique des plus radicaux :

---

64 Idem.

« Dans la phase qui précède la prise du pouvoir, la technique la plus originale consiste à créer des organisations de façade [par exemple les Jeunesses Hitlériennes, ou les compagnons de route du parti communiste] et à faire une distinction entre membres du parti et sympathisants. (...) L'organisation de façade a une double fonction: façade du mouvement totalitaire aux yeux du monde non totalitaire, et façade de ce monde aux yeux de la hiérarchie interne du mouvement »[65].

Afin de compléter ce bilan qui semblait sans appel, après y avoir apporté quelques bémols, posons-nous la question de savoir s'il est possible de vivre sa sexualité alternative sans craindre le pire, notamment dans d'autres villes de province en Tunisie, moins conservatrices que Kairouan ?

Il nous est apparu que les militant-es des droits LGBT+, même les plus radicaux, se conforment pour la plupart à une certaine retenue en dehors de la capitale tunisienne. Pourtant, des négociations identitaires jugées provocatrices, exprimées publiquement afin de susciter une réaction de leurs concitoyennes, de les « terroriser » par le biais de genres alternatifs et choquants, ont bien cours depuis le début de la *Révolution de Jasmin*.

La question de la double culture et des apports diversifiés que cette théorie semble préconiser, dans certains cas et selon

---

65 Arendt, H. ; infra., chap. XI.

certaines modalités, est centrale dans la compréhension des composantes de dynamiques sociétales saines, immunisées contre le retour de certaines idéologies identitaires hyper-normatives.

En miroir de cela, comme le précisait déjà, au siècle dernier, Hannah Arendt la philosophe américaine d'origine allemande :

« La politique totalitaire [...] use et abuse de ses propres éléments idéologiques et politiques jusqu'à ce que la base concrète qui avait fourni aux idéologies leur force et leur valeur de propagande – la réalité de la lutte des classes, par exemple, ou les conflits d'intérêt entre les Juifs et leurs voisins – ait presque disparu »[66].

---

66 Arendt, H. (1973). « *Les origines du totalitarisme* », *vol. 1 page 17-18.* Calmann-Lévy, Paris.

## 6 - La participation active ou « provocatrice » des minorités aux post-printemps arabes ?

Si l'on en croit la thèse d'Olivier Roy[67], ce serait l'évacuation à marche forcée du religieux des débats public, durant le XXe siècle, qui aurait contribué à produire un « retour » du religieux plus sclérosé que jamais. Ce dernier serait en réalité une adaptation des identités religieuses à des contextes politiques post-modernes, avant tout laïcs, voire même ouvertement anti-religieux et, en l'occurrence, anti-Islam.

Dans le monde dit arabo-musulman, cette construction élitiste religiosités, au profit d'identités post-modernes perçues en dehors de l'élite comme occidentalisées, n'a pas fonctionné comme prévu. La majorité des peuples Arabes se sont recentrés sur la composante islamique : fédératrice, c'est l'unique élément de leur paysage politique qui n'avait pas été modifié depuis les cinquante dernières années[68].

Ce retour d'un religieux sclérosé, fascisé, plus politique que jamais et instrumentalisé à des fins populistes, ne va pas sans susciter des aléas lourds de conséquence aux non croyant-es issu-es de ces sociétés, depuis lors décrites comme arabo-musulmanes. Ces derniers tentent désormais d'élaborer des identités plus hybrides et avant-gardistes, afin de contrecarrer

---

67 Op. cit.
68 Massad, op. cit.

ce retour à un islam politique idéalisé, fantasmé, instrumentalisé et pris en otage à des fins de plus en plus oppressives, qui se retournent contre ces mêmes peuples Arabes dans leur majorité.

Ainsi, face à la tentation du fascisme islamisé, d'autres acteurs de cette « communauté gay », qui se refusent à fréquenter ces lieux « d'aventure » décrits plus avant, affichent ostentatoirement, et en même temps, leur rejet de toute forme de spiritualité islamique, tout en puisant une certaine inspiration au cœur de la culture dite arabo-islamique, au sens large.

Ils vont plutôt chercher à faire usage d'outils épistémologiques, à la fois raffinés mais terrifiants, pour la partie la plus conservatrice du pays, afin de déconstruire des identités qu'ils considèrent comme nationalisées à outrance. Ces derniers se réfèrent, désormais ouvertement, à ce concept Anglo-saxon que l'on nomme le *gender fucking*[69] : une forme

---

69 Une parodie des codes du genre, mais aussi des attendus corporels et comportementaux qui s'y rattachent. En fuckant le genre, on exprime sa contingence, son éventualité. Néanmoins, le *Gender Fucking* ne se situe pas en dehors du genre. Il est au contraire tout contre lui, de manière à le pousser, le déranger, le perturber. En d'autres termes, le *Gender Fucking* est une technologie de genre, au sens de Térésa de Lauretis, en ce sens qu'il prend appui sur le genre pour en proposer une nouvelle formulation aux délimitations perturbées et donc perturbantes : DE LAURETIS T., *Théorie queer et cultures populaires. De Foucault à Cronenberg*, Paris, La Dispute, coll. « Le genre du monde », 2007,

d'engagement citoyen reposant sur l'affirmation publique, radicale, d'aspects de son identité, de son ipséité, théoriquement incompatibles entre eux.

Ce concept est proche de la *désidentification* vis-à-vis des doubles préjugés, envers les LGBT+ ou « *queers of color* », très en vogue aux États-Unis, mais spécifiquement associé aux milieux activistes des queers les plus radicaux[70]. Feu E. Muñoz définissait la désidentification comme suit :

« La désidentification est en relation avec le fait de recycler et de repenser le sens codé. Le processus de désidentification brouille et reconstruit le message codé d'un texte culturel d'une manière qui expose à la fois l'universalisation du message codé et les machinations d'exclusion et recâble ses productions afin de rendre compte, d'inclure et d'autonomiser les identités minoritaires et les identifications. Ainsi, la désidentification est une étape au-delà de la fissuration ouverte du code de la majorité ; elle procède par l'utilisation de ce code comme matière première pour représenter une politique impuissante ou un positionnement politique qui a été rendu impensable par la culture dominante »[71].

E. Muñoz ira jusqu'à décrire comment certain-es transidentitaires sont perçu-es par le reste de leur nation comme des « terroristes », métaphoriquement parlant. Premièrement, du fait qu'ils terrorisent leurs compatriotes d'un

---

70 Zahed, L. (2017). « *Islams en devenirs... », op. cit., chapitre 1e.3 : La déconstruction du stéréotype lié aux subcultures interdépendantes.* CALEM, Marseille.
71 Supra, p.31. Disponible en ligne -
http://books.google.sc/books/about/Disidentifications.html?id=etsLRvdeEt gC

point de vue esthétique, parce qu'ils ou elles ne correspondent pas du tout aux normes de beauté stéréotypiques ; mais également d'un point de vue social, parce qu'ils et elles sapent les bases de toutes structures sociales hétéronormatives, sexistes et natalistes, notamment celles liées à la place du féminin et du masculin. Ces « terroristes » du genre procèdent ainsi de manière subversive, *queer* et en totale désidentification avec les normes de genre hétéronormatives[72]. Pour autant, la majorité de la population au Maghreb est-elle encline à ce type de révolution identitaire radicale et interculturelle ?

Alors que le facteur déterminant premier de la révolution tunisienne de 2011 a été d'ordre économique, la plus célèbre des militantes tunisiennes LGBT+, à avoir incarné ce paradigme de désidentification radicale, interculturelle et post-identitaire, semble être la célèbre Amina Sboui[73] : un temps membre du collectif de féministes radicales : *les Femens*.

Amina Sboui avait défrayé la chronique en exposant son corps nu sur les réseaux sociaux, peu après la Révolution de jasmin, à la manière des *Femens*. Sous le coup d'innombrables

---

72 Muñoz, J., E. (1997). "The White to Be Angry": Vaginal Davis's Terrorist Drag; in *"Social Text", Queer Transexions of Race, Nation, and Gender"* (No. 52/53), pp. 80-103.

73 Nous traitons de ce lien entre luttes citoyennes LGBT, *queer*, et féminisme radical dans un ouvrage sous la direction de Zahed, L ; en collaboration avec Ostmane, Z. (2016). « *Genre interdit: Nos années noires, entre totalitarisme & obscurantisme. Mes luttes, ma liberté, mon exil* », chapitre 7 : *Printemps Arabes, l'affaire Amina Sboui.* CALEM, Marseille.

menaces de mort, elle trouvera refuge en France, avant de revenir en Tunisie, en affirmant que les fémo-nationalistes européennes étaient trop racistes et islamophobes de son point de vue, pour qu'elle puisse s'épanouir en leur sein.

Sans compter que les actions de ces dernières au Maghreb ont associé tous les individus LGBT+ à ces actions provocatrices, contribuant à renforcer contre eux/elles la répression de pouvoirs en place qui ne pouvaient, de leur point de vue, laisser les plus radicaux parmi leur population se saisir de ces provocations. Les gouvernements en place ne pouvaient laisser leur légitimité à maintenir l'ordre public remise en cause, d'autant plus si ces actions provocatrices étaient perçues comme « parachutées » depuis l'Occident.

En effet, la littérature nous apprend qu'afin qu'une représentation du monde se diffuse au sein de l'espace public, par le biais de médiums de communication divers en fonction des contextes, les agents sociétaux doivent incarner certaines caractéristiques premières. Le premier d'entre eux, en particulier dans un contexte « arabe » à la fois post-colonial et post-révolutionnaire, c'est qu'ils et elles doivent être perçues par leur concitoyen-nes comme modéré-es et issu-es de leur rangs[74]. En d'autres termes, plus les « faiseurs d'opinions » sont

---

74 Mekouar, M. « No Political Agents, No Diffusion: Evidence from North Africa ». *International Studies Review, Volume 16, Issue 2 June 2014, Pages 206–216. Disponible en l igne -*
http://onlinelibrary.wiley.com/doi/10.1111/misr.12132/abstract

proches de la moyenne des opinions du grand public, plus leur message aura d'impact au cœur de cette dernière.

Bien que fortement critiqué pour ce qui fut considéré à l'époque comme des « excès » inexplicable pour la majorité de la population tunisienne, A. Sboui vit aujourd'hui de nouveau en Tunisie, dans son village de Sidi Boussaïd. Là, elle avait en 2016 le projet de créer une maison d'accueil des jeunes LGBT+ en rupture familiale, du fait de leur sexualité ou de leur genre alternatif.

Ayant déjà exploré les répercussions sur le milieu militant d'Amina Sboui, notamment sur l'engagement d'activistes LGBT+ Algériens et leur prise de conscience de la nécessité d'approches désormais transversales et interculturelles[75], je me suis concentré pour la présente publication sur le cas d'un jeune homme, un anonyme d'une trentaine d'années, au profil intellectuel et à l'engagement politique particulier.

Yacoub est enseignant d'anglais en école secondaire de province, il est originaire de Tunis ; il parle couramment l'anglais, le français, l'arabe et le chinois qu'il étudie depuis plus de dix ans. De bonne carrure, ses ami-es décrivent son attitude comme à la fois douce et affirmée. Ses cheveux, à Tunis, il les garde à la hauteur des épaules, mais lorsqu'il retourne, à la fin de chaque été, travailler en province, il se doit de se couper les cheveux très courts :

---

75 Zahed, L. & Ostmane Z. ; op. cit.

« Oui oui, c'était un grand changement. Là-bas on ne peut pas faire notre coming-out, dire que nous sommes gays. Même à Tunis, sans parler de [certaines villes de province][76]. Parce qu'au travail là-bas, nous ne pouvons pas dévoiler notre sexualité ou notre orientation, dans ce lieu de la Tunisie. C'est une grande ville mais les habitants (...) quittent la ville. Parce que, tu sais, il y a toujours ce problème de régionalisme. Il y a les activités où [se trouvent] tous les services à Tunis ou les villes côtières, mais dans les régions intérieures, c'est toujours [difficile] ».

Si la limite entre nationalisme et islamisme fait débat, au Maghreb comme en Europe, le renforcement du conservatisme moral, qu'il soit religieux ou pas, toujours viriliste, en temps de crise économique, sociale puis politique, est une constante déterminante dans l'élaboration des phobies et des préjugés, pour la plupart des participant-es à cette étude.

Yacoub travaille en effet dans une ville au contexte social difficile, après avoir grandi dans ce qu'il décrit comme un « quartier populaire » de Tunis, où l'hétéronormativité était pourtant également de mise :

« Je me suis dit, bon... Au début c'était difficile parce qu'on ne comprend pas c'est quoi ces changements, pourquoi on ne se sent pas attiré envers les filles. Et même le changement corporel, c'était difficile. Je n'ai pas fait mon coming-out [avec mes ami-es] jusqu'en 2011. Avant, c'était toujours la peur, même de m'accepter moi-même. C'est après beaucoup de souffrances, de réflexions, de rencontres avec d'autres homos... Avant 2011 ce n'était pas... aucune relation, aucune rencontre,

---

76 Yacoub habite désormais une ville de plus de 400.000 habitants.

c'était toujours la répression[77], [le refoulement] ».

Yacoub n'est pas dupe. En cela, il est bien conscient que la première des affirmations identitaire doit s'effectuer vis-à-vis de soi-même. C'est ce qu'on nomme communément le *coming-in*[78]. En opposition au refoulement, ce processus psychologique, aux conséquences identitaires, familiales, sociales et politiques souvent graves, dans un tel contexte au Maghreb, n'a rien d'évident pour une grande partie des hommes et des femmes à l'identité de genre ou l'orientation sexuelle minoritaire.

Selon Yacoub, cette « répression » expliquerait, dans une relation de cause à effet directe, le manque d'organisation et de visibilité des revendications LGBT+ au Maghreb. D'autant plus que la plupart des HSH, selon Yacoub, jouent le jeu du genre dominant et profitent d'une hétéronormativité réelle ou de façade :

« Il n'y a pas une communauté LGBT à Tunis. C'est toujours au hasard ou... peut-être on peut trouver. Il y a des groupes, mais même au sein de ces groupes il y a quelqu'un d'auto-phobe ou... oui, auto-homophobe. [Lazhar] a déjà parlé d'un hammam gay. Mais même au sein de ce hammam il y a les personnes qui sont en charge du hammam qui sont homophobes. Le caissier ou les masseurs sont homophobes, ils nous traitent comme *"ok vous venez au hammam pour vous baigner, mais nous sommes au courant que vous faites des rapports sexuels"*. Même à

---

77 De l'anglais *repress*, dans le sens de refouler.

78 Littéralement « retour vers soi », afin de se comprendre, puis de s'accepter tel qu'on est.

l'intérieur de ce hammam il y a des harcèlements. au hammam j'ai découvert beaucoup d'hommes qui viennent au hammam qui sont homosexuels, la première fois que j'ai pas découvert qu'ils sont des homosexuels, je croyais que c'était des bisexuels, mais après deux ou trois fois que je les voyais au hammam, et je les voyais dans la rue avant, je croyais qu'ils étaient des hétérosexuels, et je me dis que je suis différent de ces gens là, et j'ai découvert qu'ils étaient homosexuels, après des mois et des années ».

Pourtant, Yacoub pense que le besoin d'affirmation politique, sur la base de réflexions intellectuelles abouties, est une nécessité, de son point de vue, afin de lui permettre, à tout le moins d'évoluer, ne serait-ce que de temps en temps et par étape, au sein d'un milieu social sécure, où il ne risque pas de se faire ostraciser, voire carrément agresser verbalement ou physiquement comme par le passé.

Ce processus d'émancipation par étapes, dans un milieu *secure*, ainsi que les liens ainsi décrits entre interculturalité et lutte contre le patriarcat islamisé, semble en tout point conforme à une opérationalisation de la théorie de la double culture comme rempart à la radicalisation des idéologies politiques. Reste à savoir comment ce citoyen anonyme et engagé, qui ne se décrit pas comme un militant au sens premier du terme, applique les leçons de ce qu'il a appris au quotidien.

En cela, depuis 2011, une fois son affirmation de soi établie, Yacoub a décidé de s'attaquer, à son niveau, aux préjugés liés au genre et à la sexualité. La question n'est pas de reconstruire la société tunisienne, post-révolutionnaire, sur de nouvelles bases à un moment de l'histoire du Maghreb où les cartes politiques sont en cours de redistribution ; il est simplement question, pour le moment et en ce qui concerne Yacoub, d'intégrité physique et de respect de sa dignité humaine.

Dans un tel contexte géopolitique et historique, les préjugés les plus stables et les plus négatifs en matière de genre, sont liés à la passivité sexuelle de certains HSH maghrébins :

« Notre société en Tunisie croit toujours qu'un homosexuel c'est une femme, il fait le rôle d'une femme. C'est encore des... C'est la notion qui est apprise par la société, par les voisins, tu vois. C'est toujours le rôle d'un passif. Il y a toujours cette dichotomie de passif/actif que je déteste. Actif c'est hétéro, c'est-à-dire c'est un mâle qui ne subit pas. Il y a toujours cette relation d'un maître à esclave. Même chez nous, les homos. Il y a toujours cette [idée] que tu ressembles à une femme ».

Yacoub se débat encore intérieurement avec ces notions complexes liées à l'identité propre vis-à-vis du regard des autres : l'*ipséité*. Il s'approprie ces catégories identitaires qu'il dit ne pas apprécier, alors-même qu'il les utilise dans son intimité, notamment avec ses ami-es proches.

Sans jamais avoir voyagé, Yacoub pense qu'en Occident les choses ne sont pas aussi normatives et discriminatoires qu'au Maghreb :

« Il y a toujours cette *awareness*, cette « conscience ». J'ai déjà parlé avec des homos français ou allemands, ils m'ont dit qu'il n'y a pas cette obsession comme chez nous d'actif/passif. Il y a un homo, ce qui se passe au lit c'est autre chose. Il n'y a pas ces catégorisations d'âge, actif, passif, dominant, dominé. [Ca existe] oui, mais c'est plus libre, ce n'est pas accablant ».

Les propos de Yacoub ne sont pas très clairs en effet, ou alors il n'est effectivement pas conscient du fait qu'en France, ou ailleurs en « Occident », les individus issus de minorités sexuelles s'inventent, à l'intérieur même de ces minorités, leur propre « tribu », notamment en lien avec le type de rapports sexuels qu'ils aiment pratiquer.

Ce type de phénomène de différenciation sub-culturelle peut être analysé comme une forme de repli communautariste et défensif. Il y a, entre autres, en ce qui concerne les hommes gays : les actifs, les passifs, les versatiles, les couples libres qui rêvent de rapports avec plusieurs partenaires, les couples exclusifs, les *drama queen*[79], les *bears*[80], les sadomasochistes, ceux qui cherchent des plans *chems*[81].

Et désormais, il y aussi les fascistes gays, qui votent ouvertement pour des partis d'extrême droite, de peur de se voir violentés par des musulman-es qui sont, à leur tour, perçu-es comme étant majoritairement homophobes et

---

79 Hypersensibles et très centrés sur leurs sentiments.
80 Littéralement « ours » : costauds, poilus et barbus.
81 Littéralement « chimiques » : relations sexuelles sous cocaïne ou autre drogue stimulant l'activité sexuelle.

transphobes[82] ; ou comment une forme de communautarisme peut faire face, en « Occident », à une autre.

La différence objective, qui transparaît dans les propos imprécis de Yacoub qui ne connaît l'Occident que du fait de sa culture livresque, c'est la liberté accrue en termes d'auto-définition, le fait qu'il y ait moins de pression homophobe et transphobe à la conformité en termes de genre, de sexualité.

Cela ne serait pas « accablant », comme le dit Yacoub, de se faire catégoriser en fonction de telle ou telle « tribu », lorsque cela relève d'un choix librement consenti. En France, ailleurs en Occident, ce n'est pas le virilisme qui prime en effet. En dépit d'un machisme résiduel, dont la révolution féministe de 2017 contre le harcèlement sexuel est le contre-coup[83], chacun-e est libre de jouer de son genre, d'expérimenter différentes pratiques sexuelles, sans risquer de se retrouver en prison :

« En Tunisie, quand-même, il y a toujours ce... je dois parler encore de l'obsession, le machisme. C'est toujours le mâle, tu dois te comporter comme un mâle, chez toi, au travail... Mais il y a toujours l'espoir. Il y a maintenant des associations LGBT,

---

82 L'Express (04.02.2016). « *Régionales: pourquoi les homosexuels mariés ont préféré l'extrême droite* ». Disponible en ligne -
https://www.lexpress.fr/actualite/politique/elections/regionales-pourquoi-les-homosexuels-maries-ont-prefere-l-extreme-droite_1760497.html
83  France Info (05.12.2017). « *ENTRETIEN. Geneviève Fraisse, philosophe et historienne : "L'affaire Weinstein est une révolte historique et politique"* ». Disponible en ligne -
https://www.francetvinfo.fr/culture/cinema/affaire-harvey-weinstein/l-affaire-weinstein-est-une-revolte-historique-et-politique_2498095.html

pourtant qui sont... au début il y a toujours ces obstacles, cette crainte, parmi nous les homos... désespoir. Mais quand-même, quand on compare la Tunisie à d'autres pays comme par exemple l'Iran où l'homosexualité est condamnée à mort, ici c'est... *it's on the table* ».

Il est indéniable que la question de la liberté sexuelle est bien, en Tunisie contrairement au reste du Maghreb, un sujet sur la table politique des négociations sociales :

« On peut parler d'un homo ou de la présence d'un homosexuel, pourtant c'est encore le début du début. Parfois je me sens désespéré tu sais...  Et d'autres moments j'ai un espoir... ».

Le secret espoir de Yacoub n'est pas d'imposer une forme d'occidentalisation à la société tunisienne, qu'il décrit lui-même, non sans quelques réticences, comme « arabo-musulmane ». Son secret espoir est de trouver une personne qui puisse partager sa vie, dans l'échange constructif et la stabilité émotionnelle, sans être constamment menacé par le reste de la société ou les lois de son pays :

« Une relation stable, si je peux dire. Bon, je ne parle pas de mariage ou de tout ça, parce que si j'étais convaincu par le mariage hétéro, on peut parler d'un mariage homo, tu sais. il y a des mariages hétéros où le couple, tu sais, souffre plus qu'en étant célibataire ».

Selon Yacoub, ce serait donc la racine véritable de son idéal politique personnel : de pouvoir exister en Tunisie, et au Maghreb,  identifié publiquement comme à une minorité d'homosexuel-les, bisexuel-les ou transidentitaires, sans peur du lendemain pour sa survie. Les questionnements politiques de Yacoub ne sont pas idéologiques, au sens partisan du terme. Comme le précisait Arnaud Alessandrin, il s'agit avant tout de déconstruire des préjugés qui tendent à produire des discriminations objectives, afin de renégocier l'élaboration des différentes représentations sociales liées au genre et à la sexualité[84].

Yacoub fait donc le constat que le moyen d'opérationnaliser cet idéal est d'accroître la visibilité, politique, de ces problématiques liées aux discriminations et à la violence, qu'elles soient privées ou étatiques. Ces dernières étant appliquées, dans un contexte dit arabo-musulman, sur la base d'identités de genre et d'orientations sexuelles perçues, depuis quelques décennies, du fait du néocolonialisme occidental et de son écho panarabiste, comme une menace pour l'ordre social, voire comme la tentation d'une forme d'occidentalisation forcée :

« Oui, et même en Tunisie, on doit primo parler d'une existence homosexuelle : [si] on peut voir des homos dans des manifestations, même la Pride[85], on peut parler de Pride, et après on peut parler d'un mariage homo. Pas dans les vingt ans (rires), même en France, ou aux États-Unis, c'est après cinquante ans qu'on peut parler... primo on doit commencer par la dépénalisation de l'homosexualité, la première étape ».

---

84 Op. cit.

85 Marche des fiertés ou « *gay pride* ».

De manière générale, la question peut ainsi être posée : la double culture identitaire, au sens large (ethnique, linguistique, religieuse, sexuelle ou de genre), est-elle une force pour la lutte contre la radicalisation dite « islamiste », ou un inconvénient du fait qu'elle exacerbe encore plus fortement les catégories de repli identitaire xénophobes ? Bien qu'ayant une grande culture livresque, et au-delà de la simple provocation en vue d'une réaction, l'attitude de Yacoub peut en effet être à l'origine de comportements réactionnaires de la part de certains de ces compatriotes les plus xénophobes.

Il a lu les thèses d'Olivier Roy sur la *Sainte ignorance*. Pourtant, il ne semble pas être à même de situer clairement, en ce moment même pour des individus au genre alternatifs en Tunisie, le problème que pose l'articulation entre Islam, politique et oppressions des minorités. Yacoub associe clairement l'homophobie d'État à l'Islam en général, en Tunisie comme ailleurs dans le monde dit arabo-musulman :

« C'est la culture, peut-être les traditions, la religion aussi. L'islam, c'est encore une religion où il y a cette dimension machiste. L'interprétation... ou quoi que ce soit ».

Il n'en reste pas moins que pour lui, il n'y aurait d'autre alternative que l'occidentalisation des sociétés Arabes. S'agit-il là de réelle hybridité identitaire, ou simplement d'un mimétisme du modèle Occidental ? Certes, ce modèle du « coming-out » provocateur à fonctionné ailleurs dans des contextes, socio-politiques et historiques, assez différents de ceux dans lesquels se retrouvent plongés la plupart des peuples Arabes. Ce rejet des cultures islamiques, à des fins d'occidentalisation perçues comme élitiste, peut être un facteur d'amplification de ce « retour » de plus en plus protectionniste, xénophobe et viriliste, d'un Islam plus politisé que jamais.

## 8 - Un rejet radical du religieux conduit-il à une islamisation exacerbée ?

Certain-es militant-es maghrébin-es assument totalement ce risque encouru, même si la plupart d'entre eux se retrouvent aujourd'hui réfugié-es en Europe, en France notamment. Cette radicalité ouvertement anti-islam, payée au prix fort de l'exile, s'incarne au Maroc surtout avec le collectif s'étant prononcé pour la dépénalisation de l'homosexualité au Maroc : le *Mouvement Alternatif pour les Libertés Individuelles, MALI*[86].

Les représentant-es de ce collectif pensent que la seule façon de faire avancer les droits des minorités est une approche radicale, pensée dans le rapport de force avec les autorités.

Comme le constatait Hannah Arendt :

« S'il faut vraiment définir l'autorité', alors ce doit être en l'opposant à la fois à la contrainte par force et à la persuasion par arguments. La relation autoritaire entre celui qui commande et celui qui obéit ne repose ni sur une raison commune, ni sur le pouvoir de celui qui commande ; ce qu'ils ont en commun, c'est la hiérarchie elle-même, dont chacun reconnaît la justesse et la légitimité, et où tous deux ont d'avance leur place fixée »[87]

Cela, même si les dites autorités pourraient, dans un premier temps, voir leur légitimité renforcée auprès d'une

---

86 Mouvement ..... » ; terme qui signifie également, en arabe dialectal marocain, « qu'est-ce que j'ai ? ».
87 Arendt, H. (1989). « *La crise de la culture* », p. 123. Gallimard, Paris.

grande partie de la population générale. Ibtissam Lachgar, fondatrice du mouvement depuis la France, affirme avec vigueur son point de vue :

« Faut vraiment taper du poing. Oui on peut faire ça, nous aussi on fait des conférences. Mais à côté de ça il faut faire un buzz [...]. Quand tu fais le buzz, tout le monde est au courant ! ''Vous avez vu, il y a eu ça !'' Tu vas au hammam, dans le taxi, au boulot, en famille : "Vous avez entendu ? Y a quelqu'un, ils ont fait un pique-nique, y a eu un kiss-in...''. On va dans l'espace public, nous on va vraiment dans l'espace public. Donc on sort avec le drapeau LGBT, avec nos pancartes, on se prend en photo devant le Ministère de la Justice, devant le Parlement, devant... C'est symbolique. Voilà, c'est quand même une symbolique forte »[88].

De cette prise de position radicale découle le fait que le collectif *MALI* critique, dans la majorité des structures associatives marocaines, un manque de perspective universaliste au sens où la représentante du collectif l'entend :

« Ce que les gens ne comprennent pas : dans les droits humains, il n'existe pas de priorité. Les gens confondent droits humains et besoins. Les besoins oui, tu peux prioriser des besoins : il faut que je mange, il faut... Mais les droits humains, ils sont interdépendants et indivisibles. Donc le droit à l'éducation est tout aussi important que le droit à la santé, que le droit à sa vie privée, que le droit à sa liberté sexuelle et autre, voilà. Donc les gens malheureusement, souvent, sortent cette histoire pourrie : "mais il y a des priorités". Non jamais dans les droits humains, jamais, jamais. Ça veut dire que tu hiérarchises les victimes [...] ou les discriminations !? ».

---

88 Propos extraits de notre enquête de terrain Zahed L. & al. (2017).
« *Tunisie arc-en-ciel : désislamisation politiques des identités minoritaires au Maghreb* », chapitre rédigé par Yssabé, S. CALEM, Marseille.

Ici, on retrouve ce que *MALI* nous dit condamner fermement chez la majorité des organisations de la société civile marocaine : ce que l'on peut qualifier de « relativisme culturel ». Celui-ci consiste, en effet, à considérer que les valeurs morales, ou culturelles, sont propres à une société particulière, dont il faut faire partie pour pouvoir les comprendre.

Ainsi *MALI*, qui est au contraire de tendance universaliste, associe ce relativisme à de l'exclusivisme, en ce que les personnes qui n'appartiennent pas à la communauté, ou ne sont pas directement concernées par une cause, sont souvent exclues de l'action militante. En ce sens, *MALI* constate qu'il s'agit là d'un écueil où tombent également :

« toutes les autres assos, qu'elles soient féministes, les collectifs qui défendent les droits des personnes LGBTI. Ils te disent : "non, il y a le militantisme de blancs, de blanches". Donc souvent on est isolés parce qu'on dit : "non, nous on est universalistes et on est donc laïcs, donc la religion n'a rien à faire là-dedans, la religion est dans la sphère privée. Mais voilà, quand on défend des causes, on parle de droits humains, donc on ne parle pas ni de religion, ni de culture ».

La position de *MALI*, ainsi décrite, ne donne pas à penser que ce collectif ai réfléchi à une stratégie à long terme de déconstruction, en profondeur, des préjugés liés aux identités minoritaires et à l'interculturalité intersectionnelle. Mais sans doute n'est-ce tout simplement pas leur but, que d'élaborer des identités hybrides, au-delà des clivages « Orient versus

Occident ». Car après tout, comment définir l'universel humain en dehors de tout contexte sociétal ?

Certes, c'est là une question ardue, pourtant tout à fait d'actualité en ce qui concerne l'Islam en particulier. Car n'est-ce pas là, justement, le reproche le plus évident que l'on puisse faire aux « islamistes » qui, de leur point de vue, ne font qu'imposer à tou-tes ce qu'ils considèrent comme « la solution » unique à tous les problèmes de l'humanité, alors qu'ils procèdent de manière dogmatique et en dehors de toutes considération historique contextualisée ?

Peut-être les représentant-es de *MALI* ne veulent qu'une seule chose : de pouvoir affirmer haut et fort leur soif de liberté, d'égalité et d'universalité, sans ce soucier des conséquences contre-productive de leurs actions sur une majorité de la population marocaine qui se jettera, par la suite, dans les bras des fascistes islamisés. Pour autant, ce type de stratégie de la confrontation, un dogmatisme regardant en chien de faïence l'autre, ne semble pas être la plus efficiente sur le long terme, dans l'état actuel des choses au Maghreb en général : que ce soit au Maroc, surtout en Algérie, même en Tunisie, et ne parlons pas de la Libye.


En conséquence de cela, le collectif de défense des droits des personnes LGBT+, *Aswat*[89], accorde beaucoup

---

89 Fondée en 2012, descriptif en Annexe.

d'importance à ce que ses revendications soient portées par des Marocain-es, et non « importées » de l'extérieur, par des « Occidentaux » ou des militant-es aujourd'hui exilé-es.

De la même façon, ce collectif considère également que le combat mené doit l'être par des personnes qui appartiennent elles-mêmes à la communauté LGBT+. Ce qui, selon la représentante de *MALI*, est un choix plus que discutable :

« Je vois beaucoup de personnes LGBTI du Maroc qui mettent des (...) statuts pour dire : "on n'a pas besoin d'hétéros pour nous aider, pour nous défendre". Moi je trouve ça raciste. Tu luttes contre une discrimination, mais tu discrimines les hétéros et tu discrimines les blancs ? Mais c'est scandaleux ! Et puis ils sont beaucoup dans le relativisme… Un peu moins maintenant. Beaucoup dans le relativisme culturel aussi, et notamment - mais c'était un peu violent - quand les Femen sont venues (...). Que tu sois contre ? C'est un autre sujet, mais c'est leur droit. […] Bah non, Aswat a écrit un communiqué, machin, ça c'était pour la *Tour Hassan*, après *Beni Mellal*, carrément un hachtag *9aoud*[90]. Tu te rends compte de dire *9aoud* à des militantes féministes et qui ont risqué leur vie à Beni Mellal en montrant leurs seins pour la cause LGBT ? Tu n'aimes pas leurs méthodes ? Tu te tais. Mais tu ne dis pas #9aoud néo-colonialisme, je sais pas quoi, tu te rends compte !? ».

Là encore le mouvement *MALI*, du moins sa co-fondatrice ici interviewée, défend une idée centrale de l'universalisme qui est :

« Il n'y a ni occident, ni orient, il y a la Terre. C'est tout, il y a

---

90 « *qawoud* » est, en dialecte marocain, une insulte pouvant être traduite par « dégage » ou « va te faire enc*ler ».

des êtres humains et c'est tout. Il y a des lois pour tous et toutes ».

En réalité, la question qui se pose est celle de la conception de ce qu'est l'universalisme, en lien avec une négociation identitaire entre deux cultures qui, sur certaines problématiques, semblent antinomiques. Il semble s'agir-là d'un dialogue de sourds : les partisans de certaines associations pensent que l'éclairage interculturel n'est là que pour nous permettre de dépasser tous les clivages, immédiatement et sans concessions aucunes ; alors que d'autres militant-es voient plutôt la double appartenance culturelle comme un outil supplémentaire de libération individuelle, qui ne peut-être manié que graduellement et sur le long terme.

C'est donc en cela que la représentante de *MALI* ne comprend pas pourquoi les militant-es d'associations LGBT+ marocaines se sentiraient doublement dépossédé-es de leur légitimité à défendre, depuis le Maroc et depuis l'intérieur de leur communauté LGBT+, leurs propres droits.

De là, elle prend l'exemple suivant afin d'illustrer son point de vue :

« L'avortement, typiquement ! Droit à l'avortement. C'est un droit à l'avortement pour toutes, et le droit des femmes de disposer de leur corps. Il n'y a pas à chipoter et les hommes n'ont pas leur mot à dire, point à la ligne ! »

Par ailleurs, elle condamne la récupération faite de cette

question par ceux et celles qui tentent de prioriser les droits - pour l'avortement par exemple, la priorité serait de l'autoriser pour les victimes de viols uniquement -, s'appuyant sur l'argument selon lequel :

*« Le droit de disposer de son corps, c'est un truc occidental ».*

C'est l'argument fallacieux le plus souvent utilisé contre les militant-es pour le droit à l'avortement. *MALI* s'inscrit clairement en faux contre ce type d'accusations.

Dès lors, la question des libertés individuelles est vue comme globale :

« Nous militons en faveur de toutes les libertés individuelles donc ça va de la liberté de conscience à la liberté sexuelle en passant par la liberté d'expression, la liberté des femmes (droits des femmes, droit à l'avortement, etc.) et quand on parle de liberté sexuelle donc liberté en ce qui concerne les hétérosexuel(le)s parce qu'il y a également un article de loi : l'article 490, et l'article 489 par rapport à l'homosexualité, mais également il ne faut pas oublier l'article 491 par rapport à l'adultère ».

Mais la question des libertés individuelles est également vue comme universelle, d'un certain point de vue culturel :

« Quand je milite pour les droits des personnes LGBTI ou les droits humains en général, les libertés individuelles, c'est partout dans le monde, c'est pas qu'au Maroc. Comme je le disais, d'abord je suis citoyenne du monde, et puis dans les droits universels, donc dès qu'il y a des manifs, j'y vais quoi ».

Par voie de conséquence, ces différentes conceptions de la défense des droits des minorités, l'une se voulant radicale et immédiate, l'autre plus dialectique et sur le long terme, impliquent des rapports différents à la dite « communauté internationale » et aux organisations de défense des droits humains notamment.

Ainsi, *l'ALCS* – la principale association de lutte contre le sida au Maroc, avec des programmes de prévention dédiés aux HSH - pense que l'activité militante doit être nécessairement endogène. L'un de leurs représentants nous a confié ceci :

« Ils se leurrent, la communauté internationale, pour dire que ce sont eux qui ont fait les choses […]. La communauté internationale, elle vient après. Il faut toujours une action intrinsèque. Elle fait le relais, mais elle n'a pas fait avancer les choses […]. C'est les Marocain-es qui ont fait avancer des choses ».

Pour sa part, *MALI* considère que la communauté internationale, ainsi que le pouvoir médiatique, peuvent être utiles pour servir leurs causes contre la radicalisation dite « islamiste » :

« Le pouvoir médiatique, il faut savoir s'en servir. L'avantage d'être médiatisés, parce qu'on est très médiatisés, c'est qu'on arrive à faire passer nos messages à l'international. Et par les médias, et le fait d'être convoqués, appelés, invités pour des colloques, des conférences par d'autres organismes, ça nous permet de faire passer les messages [à propos] de ce qui se passe ici, de cette réalité. Et puis également d'avoir une visibilité, ça c'est sûr, mais également de ne pas avoir trop de problèmes. Parce qu'on en a pas finalement. Si on avait pas cette médiatisation, on ne pourrait pas faire ce qu'on fait librement, à visage découvert. On est là, on fait des actions ici, on parle aux médias ici, on fait des manifs ici. Mais bien sûr qu'il faut que ça se voit à l'étranger ».

Pour autant, la co-fondatrice de *MALI* reconnaît, au moins sur ce point-là, le revers de la médaille de la médiatisation de certaines problématiques habituellement taboues au Maroc, notamment l'homosexualité :

« Quand tu milites pour une cause et c'est un tabou, et ben c'est que tu as fait le boom voilà, et tu as ouvert la voie par rapport à ce sujet-là. Ça veut dire que tu ouvres aussi la voie aux personnes qui sont contre. Donc du coup c'est pour ça qu'il y a plus d'intimidations, de menaces, de persécutions, parce qu'il y a la visibilité de la question. Mais ça c'est un risque à prendre, je sais qu'il y a plein de gens qui ne comprennent pas, mais ça a été comme ça partout dans le monde. L'Histoire, avec un grand H, le prouve ».

Dans la même perspective, le représentant de *l'ALCS*[91] constate pour sa part ceci :

« Il y a toujours eu des arrestations pour des problèmes d'homosexualité au Maroc. Il y a toujours eu du lynchage, plus ou moins, mais ça s'est aggravé après la montée de l'islamisme et de l'intégrisme. Il y a aussi une sorte de travail de milice, qui a commencé en 2010, 2011. Il y a la médiatisation, mais il y a le gain : jusqu'à maintenant on a gagné. On a gagné pour *Beni Mellal*, on a gagné pour les filles[92]. Et avant même 2011, on a gagné sur *Ksar El Kebir*[93]. Donc il y a des gains ».

---

91 Historique et descriptif en Annexe

92 Il fait référence aux deux jeunes filles arrêtées à Marrakech en octobre 2016.

93 Florence Bergeaud-Blackler et Victor Eck, « Les « faux » mariages

A propos de ces mouvements sociaux, qui sont intervenus dans la région moyen-orientale et nord-africaine depuis 2011, les deux personnes interrogées ont d'abord souligné que le Maroc n'a pas connu de révolution, ni de grands changements à cette occasion, comme ils ont pu avoir lieu en Tunisie par exemple :

« Au Maroc, on n'a pas eu les changements, ou le chaos plutôt que les changements, qu'ont connu les autres pays. Mais on a eu un processus de changement plus ou moins en douceur. [La conséquence de ce processus] était la [nouvelle] Constitution de 2011 ».

Le collectif *MALI* est, quant à lui, assez critique sur ce sujet. La question d'une évolution de la société suite au Mouvement du 20 Février a été posée. La réponse spontanée de l'interviewée fut la suivante : « *Rien* », suivie de rires.

Ce que la représentante de *MALI* critique, particulièrement, c'est l'absence de revendications liées aux droits des femmes en général, aux droits des minorités spécifiquement :

« Pour faire court, toutes ces questions-là n'étaient pas du tout, du tout, d'actualité au moment du 20 février. Les progressistes

---

homosexuels de Sidi Ali au Maroc : enjeux d'un scandale médiatique »,
*Revue des mondes musulmans et de la Méditerranée* [En ligne],
129 | juillet 2011, mis en ligne le 05 janvier 2012, consulté le 08 février
2018. Disponible en ligne : http://journals.openedition.org/remmm/7180

laïcs, pendant le 20 février, ils étaient là : "oh non, non, non, on va pas parler des droits des femmes" […]. C'étaient les modernistes hein, laïcs, voire athées, qui vous tenaient ces propos-là. "Liberté individuelle, ah, non, non, non ; liberté de conscience ah, non" Rien en fait ! […]. Et on ne parle pas des sujets qui fâchent. Tu veux faire la révolution comme ça donc ? En fait c'est triste à dire, parce que je fais toujours partie du 20 février, c'était hyper populiste ».


Pourtant, *MALI* reconnaît une certaine évolution sur certaines questions de libertés individuelles, ne serait-ce que du fait de l'émergence de ces questions-là dans le débat public :

« Donc ça a ouvert le débat, et au sein de la population marocaine, mais aussi au sein d'autres associations, voilà qu'ils reprennent ces sujets-là, et tant mieux parce que c'est ce qu'on veut, les étudiants, les étudiantes, des élèves même au lycée, c'est génial ! Qui aurait cru que dans les lycées publics des élèves me contactent pour me dire : "on va faire notre exposé en histoire, en philo, ou que sais-je - c'est sûr que c'est pas en éducation islamique -, soit sur MALI en général, soit sur telle liberté : liberté de conscience, liberté sexuelle, LGBT. En lycée public quand même ! ».

# 9 - Islam politique et relativisme culturel : les stratégies du pragmatisme réaliste

Au demeurant, même les plus radicaux en terme de militantisme, ceux et celles qui prône la stratégie de la confrontation avec les « islamistes », depuis l'étranger principalement, sont à tout le moins réalistes et conscients, eux et elles aussi, des limites inhérentes aux deux conceptions de l'interculturalité.

La représentante de *MALI* a bien conscience que :

*« Ça ne va pas changer demain, ni les mentalités, ni les lois ».*

Dès lors, elle raconte son passage dans un établissement marocain d'études supérieures, où elle s'était rendue à la demande de deux élèves :

« La moitié de la classe était contre les libertés individuelles. Par relativisme culturel : "il y a liberté… mais nous on est au Maroc, il y a la pression culturelle". Il y avait des femmes - enfin des femmes, oui des jeunes femmes, étudiantes - qui tenaient des propos misogynes ».

Au contraire, le représentant de *l'ALCS* considère lui que le problème de la société marocaine ne se situe pas au niveau des mentalités mais que :

*« c'est un problème d'Islam politique ».*

Ainsi :

« Il y a une évolution sociétale. Moi je peux dire, même sur le plan anthropologique, que les Marocains n'ont pas de problème avec l'homosexualité et le travail du sexe [...]. Moi je dis que le problème de criminalisation il est monté en haut avec la montée de l'Islam politique [...]. [Hassan II] a utilisé les islamistes pour attaquer les gauchistes [...]. Donc ce sont des fautes qui laissent des séquelles ».

En ce sens, il déplore le retour de l'Islam politique qui est venu restreindre les libertés individuelles, dont les Marocain-es jouissaient par le passé :

« Les rapports hors mariage, ils ont existé au Maroc, de façon naturelle, tout le temps. De mon ère, lorsque j'étais à l'université, il n'y avait pas de garçon qui n'a pas son amie et vice versa. C'était normal chez nous. Avec les islamistes, ils sont devenus criminalisés et les gens se cachent ».

Pourtant, cet « islam politique » n'est pas descendu sur la Maroc *ex nihilo*. De son côté, la co-fondatrice de *MALI* confirme également ce qui est communément considéré comme un « renouveau » du religieux, dans la société marocaine, mais qui va de pair, selon elle, avec une société profondément conservatrice :

« Mais non, les mentalités sont rétrogrades ici évidemment, évidemment. C'est une société très conservatrice, et ça, ça va de mal en pis, il y a vraiment une montée du religieux, qui est terrible, qui est impressionnante, beaucoup chez les jeunes. Et puis le système éducatif euh… Voilà quand tu vois ce qu'il y a dans les manuels… C'est quand même très misogyne, haineux, homophobe ».

A ce propos, elle nous fait part de plusieurs anecdotes,

survenues dans le cadre scolaire, qui témoignent de la lenteur, voire de l'inexistence, d'une quelconque évolution de la société marocaine en faveur de la reconnaissance et de l'acceptation des minorités, notamment sexuelles :

« Un élève qui m'a contactée [...], il est en première [...], et puis leur prof d'éducation islamique - c'est un lycée privé - leur dit clairement en cours qu'il faut tuer les athées, qu'il faut tuer les homosexuel-les ; clairement, comme ça. Des étudiants et des étudiantes de fac de médecine de Marrakech nous ont contacté - il y a le cours de psychiatrie en cinquième année de médecine - et la prof de psychiatrie (...) leur a dit que l'homosexualité, dans le poly, c'était une maladie, une perversion, c'était dans la même fiche que pédophilie, tout ça ».

En ce qui concerne la lutte contre cette radicalisation islamisante, viriliste et panarabiste qui vie en priorité les minorités, en particulier sexuelles, la représentante de *MALI* est donc bien consciente du fait que :

« ça ne suffira pas d'abroger une loi. Regarde la loi des mariages des mineures. Dans la *Mouddawana*[94] de 2004 c'est 18 ans, bah ça n'empêche pas [...]. Mais, c'est important que la loi elle soit abrogée quand même [...], ça peut être un premier pas en tout cas [...], et puis ça voudrait dire quand même que ces personnes-là évitent la prison [...]. Nous sommes pour l'abrogation de ces lois, mais c'est parallèle. On ne peut pas juste abroger une loi, il faut parallèlement travailler sur le changement des mentalités ».

En ce qui concerne l'homosexualité, malgré la publicité

---

94 Mot arabe désignant le Code du statut personnel marocain qui traite donc du droit de la famille et des droits des femmes.

récente de quelques affaires, le sujet demeure globalement tabou au Maroc, ainsi que l'explique le représentant de *l'ALCS* :

« [le Sida] est un sujet qui n'est pas très tabou, comme l'homosexualité ou les professionnel-les du sexe. Parce que tu trouveras des hommes religieux qui sont usagers de drogue, ils peuvent dire qu'ils sont usagers de drogue, mais ils ne peuvent pas dire qu'ils sont homosexuels, même s'il y en a parmi eux qui peuvent être homosexuels ».

L'association, dont l'approche est fondée sur un référentiel de droits humains, précise que :

« Le 489 est anticonstitutionnel. Donc normalement il devrait être abrogé, parce qu'on ne peut pas être schizophrène ».

Du reste, toujours selon la co-fondatrice de *MALI*, c'est bien la pression sociale et familiale qui demeure plus forte que la pression judiciaire, en tant qu'obstacle à l'affirmation des identités LGBT+ et *queer* au Maroc. En fait, selon elle, il existe deux écueils majeurs, au sein de la société marocaine, qui empêchent la reconnaissance et l'émancipation des individus dans leur globalité, et notamment des minorités. D'une part, les effets du virilisme panarabiste :

« le patriarcat est le gros problème. La lutte contre le patriarcat est essentielle parce que c'est le patriarcat qui fait que les droits des femmes et aussi bien les minorités sexuelles, c'est parce qu'on est dans une espèce de société patriarcale, hétéronormée, hétérocentrée et les personnes homosexuelles, transsexuelles etc., sont victimes du patriarcat ».

D'autre part, les conséquences de ce nationalisme sur la société et la conception majoritaire d'un religieux qui se doit d'être avant tout politique :

« Le poids du religieux est terrible. Il y a vraiment une inquisition socio-religieuse dans ce pays. Et puis moi je pense que, étant donné que le Roi est Commandeur des Croyants et que l'Islam est religion d'État, c'est un gros problème, c'est vraiment un gros problème [...]. Tant qu'on ne séparera pas le religieux du politique, ça va être problématique, ça va être vraiment problématique. [Intervention d'une personne assise avec nous] : "la laïcité est la solution "[95] (rires) ».

Cela va s'en dire, reste encore à déterminer la façon la meilleure d'appliquer ce principe de laïcité au Maghreb sans causer plus de torts, au cœur de société gangrenées par le virilisme panarabiste depuis plusieurs décennies, afin de lutter le plus efficacement possible, des deux côtés de la Méditerranée, contre la radicalisation dite « islamiste ».

Dans cette perspective, Jean Zaganiaris[96] propose une analyse des mouvements de libération et d'émancipation divers qui s'inscrivent principalement, notamment en contexte maghrébin, dans un cadre de référence très culturaliste, qu'il qualifie de « *culturalisme islamocentré* »[97].

---

95  En arabe.

96  Jean Zaganiaris, né le 4 mai 1971 à Lansdale, est un sociologue et écrivain français. Actuellement enseignant-chercheur au CRESC de l'École de Gouvernance et d'Économie de Rabat.

97  Zaganiaris, J. (2013). « *Queer Maroc* », *p. 7*. Des ailes sur un tracteur,

Dans ce cadre, l'interprétation du modèle de référence qu'est l'Islam, au sujet de la sexualité, est habituellement exercé par une élite qui tire profit de la continuité du système patriarcal. Une quelconque critique de ces interprétations, majoritaires et communément reconnues comme légitimes par la majorité de la société, est quasiment impossible et, d'autant plus, lorsqu'elle émane de « subalternes »[98].

C'est ainsi, selon J. Zaganiaris, que les mouvements féministes et inclusifs, qui intègrent et s'approprient le référentiel religieux, contribueraient à la pérennisation du cadre hétéronormatif des sociétés maghrébines. Pour autant, est-ce que l'affirmation de ces identités minoritaires nécessite obligatoirement de se défaire du référentiel religieux, au sens spirituel et non dogmatique du terme ?

Le dépassement du culturalisme relativiste, qui demeure présent dans les discours de nombre d'associations qui se positionnent au Maghreb contre la pénalisation de l'homosexualité, entre autres, n'implique pas nécessairement la négation de la culture et de l'identité maghrébines, ni la négation de la fascisation politique des identités due, en partie, à la colonisation occidentale.

---

Paris.
98  Référence à G. Spivak, *Can the Subaltern Speak ?*, in Cary Nelson and Larry Grossberg's edited collection, Marxism and the Interpretation of Culture. 1988.

Selon Samira Yssabé[99], étudiante de Jean Zaganiaris à l'EGE de Rabat, ce dépassement consisterait plutôt à partir du postulat que les différences, de quelque nature qu'elles soient, sont socialement et historiquement construites et qu'elles ne tiennent pas d'une nature ontologiquement différente. En effet, le cadre souvent relativiste et culturaliste des luttes pour l'émancipation des minorités, dans le monde dit arabo-musulman, comme le cadre souvent universaliste des mêmes luttes menées en contexte occidental, présenteraient tous deux le même danger : celui de l'essentialisme[100].

En parallèle, dans les sociétés islamiques, de cette essentialisation des identités individuelles (au niveau politique, ethnique, religieux, sexuel) découle en partie le patriarcat, l'hétérosexisme, la binarité des genres et l'hétéronormativité fascisante, exclusive. Une telle approche islamo-centrée et dogmatique, liées à la question de la sexualité, ne peut prendre en compte les pratiques ou expérimentations liées au genre, à la sexualité, qui existent au Maghreb comme ailleurs.

D'autre part l'universalisme, hérité de la philosophie des Lumières, humaniste et progressiste, peut également être vu

---

99 Op. cit.

100 Opposé au constructionnisme, considère par exemple qu'il existe une essence propre à chaque sexe et donc que celle-ci influence, plus que la seule physiologie des personnes, certaines de leurs aptitudes. De là, le féminisme essentialiste considère qu'il existe des caractéristiques communes et spécifiques à un groupe d'individus, ici les femmes, et qui s'appliquent donc à toutes les femmes.

comme de l'essentialisme, en ce qu'il reconnaît une même nature à l'Humanité, en même temps que le système social qui en découle nierait l'existence des différences culturelles, au profit de la dite « diversité ».

En effet, l'universalisme prôné par les sociétés occidentalo-capitalistes peut être vu, de la part des sociétés dites arabo-musulmanes par exemple, comme une nouvelle forme d'impérialisme idéologique, une nouvelle forme de colonisation niant la différence culturelle réelle, bien que politiquement puis socialement construite, entre les sociétés.

C'est d'ailleurs bien cet universalisme théorique, revendiqué par une certaine élite « Occidentale », en partie hérité des *Lumières*, que critiquent les auteurs post-coloniaux que sont H. Bhabha ou G. Spivak, qui le voient davantage comme de l'européocentrisme. C'est bien en ce sens que ces auteurs mettent en garde contre toutes les formes d'essentialisation, qu'elles soient à visée « islamiste », « culturaliste » ou « universaliste ».

Pour une lutte efficace contre toutes formes de radicalisations, qu'elle soit islamo-centrée ou non, l'interculturalité, l'influence de deux sub-cultures ou plus, doit nous permettre, au contraire, d'ouvrir le champ des expressions humaines possibles, dans le respect fondamental de toute forme d'ipséité.

C'est par conséquent en fonction de cette diversité

culturelle authentique, dans le contexte culturel et social du Maghreb, que les luttes d'émancipation et de libération, notamment celles qui concernent les droits des personnes LGBT+, sont confrontées à de nombreux défis, parmi lesquels le fait de ne pas sombrer dans l'essentialisme, qu'il soit de nature culturaliste ou universaliste. Dans ce contexte, l'essentialisme universaliste, que l'on peut voir dans le discours de MALI, va souvent de pair avec un rejet total de l'islam vu, par nature, comme un système totalitaire et coercitif :

« Y a pas d'interprétations, l'*i*slam c'est l'*I*slam[101]. C'est écrit noir sur blanc. Non, non y a pas d'interprétation possible, ça ce n'est pas possible. Ne me parles pas d'islam modéré et tout ça, hein ! Non, l'*i*slam c'est l'*I*slam. Il n'y a pas d'Islam modéré (rires) ».


En quoi cette vision de la liberté de conscience, depuis l'intérieur de l'Islam en tant que civilisation, diffère-t-elle de celle prônée par des « islamistes » qui perçoivent l'islam, en tant que religion, de la même façon : comme un système de contrôle des identités politiques par le biais du dogme patriarcal, à des fins nationalistes et capitalistes, aussi conservatrices sur le plan des mœurs que libéral sur le plan économique ?

De plus, l'émancipation des minorités au sein des sociétés

---

101 Il y a, communément, une confusion entre islam avec un i minuscule (référence à la religion) et Islam avec i majuscule (référence à la civilisation). Le premier étant le premier de l'autre, et non l'inverse.

musulmanes doit-elle et peut-elle s'exercer dans cette démarche de condamnation et de rejet total d'une composante qui demeure fondamentale dans ces sociétés ? Dès lors, s'inscrire dans une perspective humaniste implique de partir du postulat que les formes, les espaces et les pratiques subversives émergent de sub-cultures hybrides et ambivalentes, depuis le fin fond d'interstice interculturels à la fois politiquement stigmatisés et socialement ignorés. Or, afin d'agir à la racine de toute forme de radicalisation, une démarche de déconstruction des dogmatismes doit être globale et concerner toutes les cultures et toutes les identités.

En ce sens, on ne peut condamner un essentialisme culturaliste en appliquant soi-même une autre forme d'essentialisation, qui ne tient pas compte de la diversité des formes, des pratiques et des identités que véhicule l'Islam par exemple. Cette perspective humaniste de déconstruction revient, également, à refuser l'idée répandue dans ces sociétés que ces identités « nouvelles » seraient de simples constructions orientalistes.

Ces identités « homoérotiques », prospectives et avant-gardistes, sont en pleines mutations, certes, mais elles font belle et bien partie de l'héritage islamique, au même titre que les graines de « l'islamisme ».

## 10 - post-culturalismes non essentialisants : réappropriations de l'héritage islamique

Illustrons maintenant l'un des outils de cette lutte contre la radicalisation dite « islamiste » depuis l'intérieur de l'Islam, avec un témoignage qui tranche par rapport à l'affirmation précédente selon laquelle « *Y a pas d'interprétations, l'islam c'est l'Islam* ». Après une description des racines du problème au Maroc, nous allons ainsi donner un aperçu de réflexions post-culturalistes et non essentialisantes, qui trouvent leur origine dans un pays difficil, soumis aux tensions d'une radicalisation islamisante sans précédent dans la région, et qui a connu la guerre civile dans les années 1990[102].

L'Algérie est l'archétype d'une société dite arabo-musulmane qui, au lendemain de la décolonisation, n'est pas parvenue à transcender cette essentialisme culturaliste, sombrant dans la radicalisation multidimensionnelle : d'une part celle d'une oligarchie militaro-économique totalitaire, au pouvoir depuis 1962, de l'autre le fascisme vert d'une minorité qui, depuis les années 1980, était parvenu à séduire les foules désabusées des sempiternelles promesses d'un socialisme panarabiste aux lendemains qui ont déchanté.

L'Algérie tente aujourd'hui de se reconstruire sur le long terme, avec la contribution de militant-es engagé-es, notamment par

---

102 Pour une analyse des conséquences de cette guerre civile sur le statut des femmes et des minorités voir Zahed, L. & Ostmane, Z. (2016). « *Genre interdit : nos années noires, entre totalitarisme et obscurantisme. Mes luttes, ma liberté, mon* exil ». CALEM, Marseille.

la redécouverte et la mise en exergue d'individualités alternatives, non hétéronormatives, depuis l'intérieur de l'Islam.

Le témoignage de *Rad* illustre les raisons qui poussent des individus tels qu'elle à fonder ce genre d'associations LGBT+ en Afrique du nord. Rad est une transsexuelle algérienne d'une quarantaine d'années au moment de notre entretien[103], qui a fui son pays en raison des lois condamnant l'homosexualité en Algérie ; réfugiée tout d'abord au Liban, elle vit désormais en Suède depuis 2012 grâce à l'aide logistique apportée par *l'UNHCR*[104].

Rad est, selon ses propos, la « *seule activiste trans Arabe* » à avoir fondé une association dite LGBT+. Elle se définit ainsi :

« Je suis une activiste transféministe et je suis membre fondateur *d'Abu Nawas* [en Algérie], j'ai été également membre de *Helem*[105] au Liban, et actuellement je suis aussi membre de la *RFSL*[106] en Suède ».

Bien qu'aujourd'hui la nouvelle association de référence en matière de droits LGBT+, en Algérie, soit l'association *Trans-*

---

103 Cet entretien à eut lieu le 15 décembre 2012, au moment du diner de clôture de la conférence mondiale de l'ILGA (*International Gay and Lesbian Association*, la plus grande association LGBT au monde).

104 Le haut commissariat au réfugié-es des Nations Unies.

105 La première association LGBT du monde arabe, dans un pays où les discriminations, notamment envers les transsexue-les, n'ont pas cessé pour autant.

106 Confédération des associations LGBT suédoises.

*homo DZ*[107], l'association *Abu Nawas* est l'association LGBT+ historique. Elle fut la première association de ce type, en Afrique du nord, et la première à avoir créé, en son sein, une commission *Islam et homosexualité*. Cela, afin de former les psychologues, les médecins et les avocats en Algérie à défendre les homosexuel-les et les transsexuel-les considéré-es par les autorités algériennes, aujourd'hui encore, comme des déséquilibré-es mentaux.

Durant son enfance, Rad me dit avoir longtemps été « fils unique », avant que ses parents n'aient d'autres enfants : « *donc à vrai dire nous sommes quatre filles, moi inclue, et un garçon, un garçon en plus* ». Elle décrit son enfance comme « confortable », sans problèmes particuliers, outre le fait que sa transsexualité à très tôt questionné la famille, mais plus encore, le modèle hétéronormatif en vigueur au sein de la société arabo-musulmane dans laquelle elle a grandi :

« Comment dire... à cinq ans je commençais à dire que j'étais une fille et je refusais de me comporter en tant que garçon ; et à vrai dire la première confrontation avec mon sexe biologique était à l'école, c'est là que j'avais compris que finalement j'étais un garçon et que... non, je n'étais pas une fille, je n'étais pas comme ces fillettes-là qui refusaient de me parler, puis ces garçons qui refusaient de me parler parce que j'étais différente ».

---

107 Fondée par Zoheir, Al-Djazaïri, ancien président d'Abu Nuwas.

Après un long cheminement personnel[108], elle nous explique les motivations et les circonstances de la création de l'association *Abu Nawas* dans le but, là encore, de prendre part au débat public dans des conditions certes difficiles. Cela, afin à long termes, voire à très long terme, de faire évoluer les normes en terme de pratiques culturelles et sociales liées au genre :

« Début 2007, et c'était avec deux autres ami-es, une fille et un garçon, une lesbienne et un homosexuel[109], et tous les trois on a créé Abu Nawas. [Nous avions] la soif de justice, la soif de changer les choses, la soif de dire qu'il n'y a rien de mal à être différent. Voilà, c'était surtout ça. A vrai dire, moi, quand on a commencé à travailler sur Abu Nawas, ma philosophie était que ce n'était pas moi qui allais recueillir le fruit de mon travail, c'était l'autre génération. Donc ce que je faisais réellement c'était de préparer le terrain pour l'autre génération ».

Plus encore que les normes sociales régulant les comportements au sein de la sphère publique, Rad affirme que ce sont les identités dites arabo-musulmanes qui doivent être repensées depuis l'origine, s'inscrivant en faux contre toutes formes de radicalisations, qu'elles soient totalitaire ou fascisantes.

---

108 Pour plus de détails à ce sujet, consulter les chapitres dédiés du livre de L. Zahed (2017). « *Islams en devenirs : l'émergence d'éthiques islamiques libératrices, par la conscience accrue des genres et des corporalités minoritaires*». CALEM, Marseille.
109 Son nom est Yahia Zaidi, aujourd'hui membre de l'*ILGA* (*International Lesbian and Gay Association*), réfugié depuis plusieurs années à Bruxelles.

Ces identités émancipatrices et non plus oppressives, au-delà de toutes postures identitaires stéréotypiques, sont liées à la représentation du genre en Islam qu'elle, et ses camarades activistes du monde dit « arabe », sont en train de faire évoluer par leur engagement au sein de ces associations :

« Tu sais, nous sommes des pionniers de la réforme de l'Islam, oui : [pour] qu'il y ait plus de tolérance déjà. Qu'il y ait moins de patriarcat et que les gens se libèrent du joug du clergé religieux quoi »[110].

Cette « réforme de l'islam » serait un retour aux sources de cette religiosité non dogmatique, tolérante, en vigueur selon elle il y a des siècles au sein du monde dit arabo-musulman :

« Les trans étaient les garants, enfin les protecteurs des arènes des rois. Ça a commencé avec Haroun al-Rachid et ça a continué jusqu'à l'empire Ottoman[111]. Ce n'étaient pas [tous] des eunuques, c'étaient des trans. J'avais beaucoup de livres, mais je ne les ai pas ramenés avec moi parce que je suis partie avec une valise ».

---

110 Cette position politique s'apparente à une posture avant-gardiste et militante en matière de religiosité, prônée notamment par des philosophes comme Judith Butler ou encore Elizabeth Stuart avec ce qui est désormais communément qualifié de « *queer theologies* » ; voir par exemple Stuart, E. (2003). « *Gay & Lesbian Theologies: Repetitions With Critical Difference* ». Ashgate, UK, ou encore Stuart, E. (1998). "*Religion Is a Queer Thing: A Guide to the Christian Faith for Lesbian, Gay, Bisexual and Transgendered Persons*". Pilgrim press, Ohio.

111 Lagrange, F. (2008). « *Islam d'interdits, Islam de jouissance : La recherche face aux représentations courantes de la sexualité dans les cultures musulmanes* ». HDR, Paris Sorbonne. Disponible en ligne - http://mapage.noos.fr/fredlag/Habilitation-recherche.pdf

Rad fait référence à *Abu Nuwâs* qui aurait été l'amant[112] du fils de *Haroun al-Rachid*[113], et non pas du plus célèbre des califes abbassides en personne[114]. Même s'il est difficile d'avoir des certitudes en la matière, et bien que l'historiographie classique - y compris celle élaborée par les intellectuel-les arabes eux-mêmes - tend à montrer un lien très

---

112 La question de la sodomie aurait été à cette époque moins problématique qu'elle ne l'est aujourd'hui en Islam : « l'opinion du *kadı* [juge] hanafite [un courant de l'islam sunnite] Abu Yusuf qui officiait à l'époque du calife *Harun al Rachid* et qui allait quant à lui jusqu'à percevoir l'anus comme un orifice désiré par nature autant que le vagin. Nous pouvons donc dire que la condamnation des rapports sexuels entre hommes par l'Islam correspond dans une certaine mesure à la répression de pulsions sexuelles pourtant conçues comme naturelles » ; in Waller, M. (2011). « *Quelle place pour les homosexuels dans la société turque?* ». Sciences Po Lyon (Mémoire de séminaire), p. 15. Disponible en ligne : http://doc.sciencespo-lyon.fr/Ressources/Documents/Etudiants/Memoires/Cyberdocs/MFE2011/waller_m/pdf/waller_m.pdf
113 C'est du moins ce que l'association *Abu Nawas* affirme sur son site internet - http://www.abunawasdz.org/nous/
114 Une étude au Maroc reprend le fait qu'Abu Nawas aurait été l'amant du calife abbasside en personne : « *Haroun Errachid se plaint un jour à son amant Abu Nawas de la position classique et ennuyeuse avec laquelle il fait l'amour à sa femme tous les soirs. Le poète conseilla au Calife de changer sa pratique. Le soir venant, le sultan demanda à sa femme de se retourner. Choquée, cette dernière, sachant qu'une idée perverse comme celle-là ne pouvait venir que d'Abu Nawas, décida de le chasser de Bagdad. Accompagnée de quatre sbires, la femme du calife demanda au poète de ramasser ses affaires et de quitter la capitale* ». Anecdote citée dans une étude de psychiatrie marocaine, in Kendili, L., Berrada, S., Kadiri, N. (2010). « De l'homosexualité au Maroc : entre influences culturelles et vécu ». *Sexologies, 19, 181—185*. Disponible en ligne : http://dspace.univcasa.ma/jspui/bitstream/123456789/445/1/1-s2.0-S1158136010000277-main.pdf

fort entre Abu Nuwâs et le calife abbasside de son époque :

« Leur proximité avec [le calife] Muhammad al-Amin, qui possédait de nombreux jeunes garçons, qui devinrent une tentation[115] pour ses poètes (...). En cela Abu Nuwâs, dans sa collection de poésie[116], il y a une section qui s'intitule 'ghazals au masculin' et qui compte mille couplets, que nous sommes contents de pouvoir citer simplement afin d'éviter au lecteur d'avoir à les lire »[117].

Alors, même si je n'irai pas jusqu'à dire qu'Abu Nuwâs était « gay »[118], il est important de dire qu'il s'agit là du premier personnage historique, dans l'histoire du monde arabo-musulman, à s'être inscrit en faux contre l'ordre social établi, qu'on qualifierait aujourd'hui d'hétéronormé, de conservateur, à la fois religieux, dogmatique et bourgeois.

De manière générale, toutes les identités, considérées aujourd'hui comme « LGBT+ », ou alors comme « queer », ne s'exprimèrent pas avec autant d'excentricité. D'ailleurs, il existe désormais une historiographie précise selon laquelle certains eunuques noirs, gardiens du « harem » du sultan au palais de *Topkapi* à Istanbul, par exemple, furent

---

115 *Fitnat.*

116 *Diwan.*

117 Zaydan, J. (1894). "Tarikh adah al-lughah al-'arabiyyah"[histoire de la literatura en langue arabe].In *Al-Hilal, 15 décembre, p. 295.*

118 Une catégorie identitaire qui n'existait pas à son époque, même si l'on utilisait alors une autre terminologie basée sur le rôle actif ou passif des amants.

particulièrement respectueux du modèle hétéronormatif, du moins en apparence.

A tel point que certains d'entre eux avaient femmes et enfants, certes « adoptés »[119] - on va jusqu'à leur attribuer une *kunnyya* sur un modèle de paternité, en signe honorifique[120] -, et pouvaient entretenir un harem. Certains évoquaient même l'amour avec les eunuques comme une catégorie particulière de l'amour[121]. Ils allaient en pèlerinage du *hadj* à la Mecque, construisaient des mosquées, des *madrasa,* et furent parmi les sujets les plus puissants de l'empire tout de suite après le sultan et le vizir.

En miroir de ce que l'on pouvait constater à l'époque, les États dit arabes, de même que les États soi-disant islamiques d'aujourd'hui, tendent à éliminer les identités minoritaires,

---

119 Voir par exemple la vie du célèbre Beshir Agha dans l'ouvrage de Hathaway, J. (2006). *"Beshir Agha: chief eunuch of the Ottoman imperial harem"*. Oneworld, USA.

120 « Parce qu'il faut en principe être libre pour avoir une *kunya* (...). On donne aux eunuques des noms en quelque sorte compensatoires, de pierres précieuses et de parfums, tels que *Jawhar* (« joyau »), *Misk* (« musc »). Sublet, J. (1998). « Dans l'islam médiéval », p. 134. In *L'écriture du nom propre.* L'Harmattan, Paris. Disponible en ligne - http://books.google.fr/books. Voir aussi Ayalon, D. (1977). « The eunuchs in the Mamluk sultanate ».*In Studies in memory of Gaston Wiet, p. 267-295.* Jérusalem.

121 Cheikh-Moussa, dès le IXe siècle, souligne que Jahiz en parle dans « *Le livre de l'éphèbe et de la concubine* ». Cheikh-Moussa, A. (1982). « Jahiz et les eunuques ou la confiscation du même et de l'autre ».*Arabica, XXIX, p. 184-214.* Voir aussi Al-Jahiz (2000). « *Le livre des mérites respectifs des jouvencelles et des jouveanceaux* ». Trd. Bouillon, Paris.

qu'il s'agisse de minorité ethnique, religieuse ou sexuelle, du fait qu'ils remettent en question un ordre politique fantasmé par ces fascistes comme se devant d'être « naturellement » viriliste et patriarcal.

Or, à l'époque des premiers arabo-musulmans, du fait de leur position au sein du palais avant tout, les identités *queer* et minoritaires permirent à ces individus d'obtenir des positions de prestige auprès des sultans. Justement du fait de ces identités qui les excluaient des cercles restreints d'un pouvoir, auquel ils étaient par conséquent indispensables car de confiance. Sans lignée, sans héritage, ils n'avaient donc aucune de ces ambitions personnelles de conquête du pouvoir, qui auraient pu s'exprimer à l'encontre d'un ordre établi incarné par la personne du sultan, plus tard devenu *khalife* de l'Islam. Ainsi, les identités que décrivent certain-es activistes LGBT+ d'Afrique du Nord, bien qu'inspirées d'historiographie, sont à considérées avec distance.

Mais en Algérie, tou-tes ne sont pas sur cette même ligne de défense de leurs droits humains, depuis l'intérieur de l'Islam. Yahia Zaïdi, l'autre cofondateur d'Abu Nawas, est également réfugié en Europe, où il fait partie de puis plusieurs années de la plus grande association LGBT au monde : *l'ILGA*[122], basée à Bruxelles. Pour sa part, Y. Zaïdi a toujours pensé que de vouloir intégrer la composante islamique à l'activisme LGBT

---

122 *International Lesbian and Gay Association.*

était une perte de temps. Invité à la conférence des associations LGBT+, euro-africaines et musulmane, à Paris en 2010 (*CALEM*), il affirmait ne pas vouloir nouer d'alliances avec ces dernières. En 2012, lors de la conférence de *l'ILGA*, il affirmait que le mouvement des mosquées inclusives et des imam-es gays, en Occident, causait du tort au LGBT+ « arabes », car cela aurait encore plus excité, selon lui, les islamistes les plus radicaux qui voient dans le fait qu'une mosquée soit gay-friendly la plus grande des provocations.

Du reste, les représentations « non conformistes » que développe Rad à propos de l'héritage islamique, utilisant les études de genre les plus récentes en les appliquant au champ de l'Islam, fera scandale en Algérie, dans un pays où les luttent pour le pouvoir et les richesses naturelles ont mené le pays à la guerre civile dans les années 1990. Une forme de radicalisation en chassant une autre : les minorités restent le parent pauvre des gouvernements qui se succèdent et se ressemblent sur ce point, dans le monde dit arabo-musulman.

Rad sera ainsi contrainte de quitter son pays pour trouver refuge au Liban, où elle sera emprisonnée un temps et torturée par les autorités libanaises. Elle a aujourd'hui trouvé refuge en Suède, où elle est une membre active de l'association nationale de défense des droits des minorités LGBT+ et des réfugié-es.

En comparaison avec ce qui se passe ailleurs dans le Maghreb, la plus grande chance des minorités visibles en

Tunisie par rapport à la situation algérienne, c'est aussi l'absence de pétrole ou de ressources naturelles remarquables. Car le lien direct entre pressions politiques nationales et internationales, crise identitaire et sociale, fascisation des identités, radicalisation multidimensionnelle, en miroir les unes des autres, puis discriminations de minorités sexuelles, linguistiques, religieuses et de genre, nous apparaît désormais de manière très claire[123]. Comme l'affirmait Zak Ostmane, premier militant LGBT+ à faire son coming-out dans les années 2000 en Algérie :

« Non content d'avoir confisqué, successivement, graduellement, insidieusement, toutes les libertés individuelles et collectives du peuple algérien depuis plusieurs décennies, après avoir monté les plus extrémistes parmi le peuple, les uns contre les autres, une partie de ce régime totalitaire et fascisant utilise, aujourd'hui encore, des boucs-émissaires comme les minorités sexuelles, religieuses ou linguistiques, afin de garantir la pérennité d'un système oligarchique, militaire, en faillite. Ce système totalitaire est incapable de faire face aux réelles crises identitaires, historiques et politiques, que traverse notre pays depuis plus d'un demi siècle, en particulier depuis la guerre menée par une minorité intégriste, porteuse d'un projet de société d'un autre âge »[124].

En cela, au Maroc et encore plus en Tunisie, la tentation de l'instrumentalisation n'est pas le jeu dangereux et favori d'une oligarchie militaro-économique au pouvoir depuis plusieurs décennies, comme c'est le cas en Algérie. Avec, par

---

123 « *LGBT musulman-es ...* » ; op. cit.
124 Zahed, L. & Ostmane, Z. ; op. cit.

conséquent, des conséquences négatives moins prononcées sur les droits des minorités.

Mais l'exemple le plus extrême, au Maghreb, en termes de radicalisation « *mainstream* »[125] et de fascisation des identités sur le dos des minorités, est désormais incarné par le contexte libyen. C'est là que effondrements des structures dites « traditionnelles » est le plus marqué eu Maghreb :

« La montée de mouvements politiques résolus à remplacer le système des partis, et le développement d'une forme totalitaire nouvelle de gouvernement, ont eu pour arrière-fond un effondrement plus ou moins général, plus ou moins dramatique de toutes les autorités traditionnelles. Nul part cet effondrement n'était le résultat direct des régimes ou des mouvements eux-mêmes. Tout s'est passé plutôt comme si le totalitarisme, sous la forme des mouvements aussi bien que des régimes, était le mieux fait pour tirer parti d'une atmosphère sociale et politique Genèse des totalitarismes ou les dérives de l'État moderne général dans laquelle le système des partis avait perdu son prestige, et dans laquelle l'autorité du gouvernement n'était plus reconnue »[126].

---

[125] Diffusée en apparence à travers l'ensemble du contexte socio-culturel.
126 Arendt, H. ; op. cit. p. 121-122.

# 11 - Libye : le cas d'école de la radicalisation « tribaliste » post-Printemps « arabes »

Le contexte libyen, mêlant un panarabisme autrefois instrumentalisé par M. Gaddafi, tribalisme viriliste, et luttes intestines pour les richesses naturelles du pays, réunis l'ensemble des facteurs déterminants premiers d'une radicalisation islamisante qui a flamboyé au lendemain des révolutions arabes.

Le témoignage qui va suivre nous permet d'illustrer précisément, d'une part, les liens qui existent entre la question de la radicalisation des identités politiques au sein de sociétés post-révolutionnaires aussi différentes que la Tunisie ou la Libye et, d'autre part, les rapprochements que certain-es établissent entre engagements citoyens minoritaires, féminismes et représentations gay-friendly de l'appartenance culturelle.

Mon entretien avec Fatima[127] se déroule à Tunis, bien que cette dernière ait vécu ces dernières années en Libye. Fatima est une jeune femme d'une trentaine d'années. Originaire du sud de la Tunisie, elle porte le foulard depuis son séjour académique à Londres :

« J'ai vécu en Angleterre entre 2003 et 2006 mais à des moments entrecoupés, donc je faisais des allers-retours entre 2003 et 2006, et à l'époque j'étais à Londres ; dans n'importe

---

127 Pseudonyme.

quelle université il y avait des *queer studies*. C'était un truc très normal, donc c'était mon premier contact avec le monde LGBT en général. J'ai regardé un programme à *Chanel 4* en 2006, en Écosse, sur la communauté LGBT musulmane en Angleterre, et c'était un bon premier choc culturel d'entendre une femme qui disait *"je suis fière d'être musulmane et gay"* ».

Les recherches actuelles de Fatima se portent sur la question du droit des minorités ethnolinguistiques en Libye, en lien avec ce qu'elle nomme la « revitalisation » du pays après la chute de Kadhafi.

En Libye, tout comme en Égypte, notamment depuis les années 1990, l'homosexualité est sévèrement punie, bien qu'il n'y ait aucune loi qui la condamne à proprement parler. Fatima est, du reste, consciente qu'il serait ardu de se lancer dans une recherche systémique concernant cette « communauté LGBT » en Libye, pour des raisons évidentes à tout chercheur de terrain :

« Dans un pays comme la Libye où on n'a presque pas de chiffres ni de statistiques sur tout, hein ; pas seulement sur les minorités, parce que ça reste toujours dans le domaine du tabou, pas à cause de ce qui s'est passé après la révolution et l'intervention de l'Otan, [après] que le pays est entré dans le chaos. Mais ça fait depuis 42 ans que sous Kadhafi ce pays a toujours été dans une autarcie totale : tous les chiffres, malheureusement, toutes les statistiques sont exagérées, et donc du coup on ne sait pas ce qui se passe. Mais moi j'ai eu l'occasion d'avoir des discussions avec des libyens qui me disaient *"ces gens là existent, ils sont là, ils font ce qu'ils veulent"*. C'est vrai qu'ils ont appris à faire attention, à ne pas trop attirer l'attention ».

En d'autres termes, tant qu'ils restent dans les limites circonscrites aux citoyen-nes de second ordre, aux « subalternes »[128], alors ces individus identifiés en tant que LGBT+ peuvent espérer survivre.

Comment l'islam d'Abu Nawas est-il ainsi devenu la façade pour une telle déshumanisation des minorités ? Selon les thèses d'Olivier Roy[129], cette « revitalisation » radicale d'une certaine forme de religiosité hypernormative serait la conséquence d'une globalisation contemporaine, couplée à un délitement des dynamiques culturelles traditionnelles, en l'occurrence tribales, au sein de la société libyenne.

Cette analyse épistémologique des liens entre culture globalisée et religiosités polarisées concernant, d'un côté, les

---

128 Spivak, G., C. (2007). *"Can the subaltern speak"*. Turia & Kant, Germany - http://www.mcgill.ca/files/crclaw-discourse/Can_the_subaltern_speak.pdf ou encore http://www.maldura.unipd.it/dllags/docentianglo/materiali_oboe_lm/2581_001.pdf. C'est là un élément central dans la compréhension du paradigme de Spivak, notamment vis-à-vis du statut social des femmes. Cette conception de groupes subalternes suggère, non seulement, que les groupes opprimés peuvent renverser la dynamique sociale de manière subversive, depuis l'intérieur et en s'appropriant les outils de régulation sociétale à leur avantage, mais ils peuvent surtout affecter les mutations perpétuellement en cours au sein des sphères publiques, tout en conservant une identité collective légèrement indépendante des publics plus influents.
129 Directeur de recherches au CNRS, spécialiste de l'Islam ; op.cit., p. 16-26.

« fondamentalistes »[130], et d'un autre, les « accommodationnistes »[131], par le biais d'identités fascisées ou au contraire d'identités sans cesse renégociées de manière pragmatique, nous semble être en concordance avec notre analyse de la fascisation des identités.

Cette radicalisation, en l'occurrence hétéronormative, en temps de crise économique, politique puis identitaire, se fait là aussi, comme dans d'autres contextes historiques ou géographiques, au détriment de minorités considérées alors comme des boucs-émissaires privilégiés, afin de forcer l'ensemble de la « tribu » à se recentrer autour d'un chef viriliste[132].

Fatima apporte quelques nuances à ce genre d'analyses, certes théoriques :

« Moi je dirais pas que c'est... Vous avez utilisé le terme fascisation. Je crois que c'est un terme un peu fort, mais c'est plutôt je vais dire c'est ce conservatisme, disons culturel, lié à la culture bédouine d'un pays comme la Libye, qui a toujours été, si on peut dire, hors de ce qu'on appelle la modernité, disons du monde globalisé. Donc c'est un pays qui est toujours resté bédouin dans sa culture, comme c'est le cas d'un pays comme le Yémen. Moi je trouve qu'il y a une grande comparaison entre le Yémen et la Libye, parce que ce sont des sociétés très, très bédouines, culturellement parlant. Ça

---

130 Qui considèrent que leur représentation de Dieu est la seule vérité qui compte réellement, en dehors de tout contexte culturel. Cf. Roy, O. op. cit. ; p. 22.
131 Qui considèrent que l'ancrage sociétal est indispensable à toute représentation symbolique du rapport entre l'humain et le divin. Supra.
132 « *LGBT Musulman-es...* ».

explique pourquoi il y a ces deux sociétés parallèles ».

Le raisonnement de Fatima en la matière peut paraître circulaire : la « culture » libyenne existe-t-elle en tant que telle, en dehors de toutes contingences historiques contemporaines, liées notamment à une « globalisation » avec laquelle Fatima affirme que la Libye n'a eu aucun contact ? Comment cela serait-il possible de nos jours ? Les structures familiales, à la fois patriarcales en dehors du groupe tribal et matriarcales à l'intérieur de celui-ci[133], influencent à n'en pas douter le traitement sociétal de la crise économique, militaire et politique[134], mais elles ne sauraient expliquer à elles seules un tel déchaînement de violence, si soudain, à l'encontre des minorités de genre. Sas parler du fait que les cultures tribales ne peuvent être ainsi ostracisées dans leur totalité, pas dans le cadre d'une analyse sociologique complexe.

Du reste, je suis personnellement d'accord avec le fait que nous assistons, le plus souvent impuissants, à l'effondrement de dynamiques culturelles libyennes qui trop longtemps se sont développées en apparente autarcie et qui n'ont pu, contrairement à la Tunisie voisine, s'adapter assez rapidement à une globalisation capitaliste, avide d'influence territoriale et de

---

133 Lahouari, A. (2002). « *Sociologie et anthropologie chez Pierre Bourdieu. Le paradigme anthropologique kabyle et ses conséquences théoriques* ». La Découverte, Paris. Disponible en ligne - https://books.google.fr
134 Todd, E. (2011). « *Allah n'y est pour rien* ». Le Publieur, Paris

pétrole à bon marché.

N'est-ce pas là l'une des causes premières de la radicalisation dans une société donnée ? En cela, le schéma de l'émergence du fascisme au sein des cultures dites « arabo-musulmanes » ne fait pas exception. Pour autant, les solutions existent. Mais elles doivent être appliquées sur plusieurs fronts et pendant plusieurs années, voire plusieurs décennies, avant de porter leurs fruits en termes d'émancipation du plus grand nombre et de démocratie.

Depuis le XIXe siècle, ces facteurs d'émancipation du plus grand nombre sont appliqués en Tunisie, qui semble être, en la matière, l'exception du monde dit « arabo-musulman ».

# 12 - Les racines des précurseurs de l'émancipation intellectuelle en Tunisie

La Tunisie est-elle l'exception au Maghreb, en termes de processus démocratiques sur le long terme et de lutte contre les radicalisations multidimensionnelles ?

Depuis la révolution, mais déjà bien avant cela, les dynamiques libératrices en Tunisie seraient liées à l'émancipation intellectuelle de la plus grande partie de la société tunisienne, en particulier des femmes et des minorités au sens large, sur l'ensemble du territoire. Cela remonteraient à cette stratégie issue du *Néo-déstour,* prise en compte par certaines intellectuelles féministes[135], engagé-es afin de cultiver un équilibre des pouvoirs entre toutes les tendances politiques en Tunisie, dont les islamistes les moins radicaux qui seraient prêts, disent-ils pour certain-es, à une abrogation de l'article 230 du code pénal[136].

Cela, pour peu qu'on n'aboutisse pas à une visibilité publique « excessive », de leur point de vue, de la question de la diversité des genres et des sexualités ; *gaypride,* ou discussion à propos de l'ouverture du mariage à tou-tes,

---

135  Bessis, S. « Le féminisme institutionnel en Tunisie », *Clio. Histoire, femmes et sociétés* [En ligne], 9 | 1999, mis en ligne le 22 mai 2006, consulté le 28 juillet 2017. URL : http://clio.revues.org/286 ; DOI : 10.4000/clio.286 ; LABIDI,  L., « Discours féministe et fait islamiste en Tunisie », *Confluences Méditerranée,* vol. 59, no. 4, 2006, p. 133-145.
136  Criminalisant l'homosexualité.

seraient à bannir, au risque de sur-stimuler les éléments les plus radicalisés de leur parti, comme ce fut le cas récemment, par exemple, au Kenya où le gouvernement, sous l'impulsion des *shebabs* du Nord, a de nouveau légaliser la polygamie unilatérale[137], et prétendait songer à de nouveau criminaliser l'homosexualité.

En Tunisie, l'action de plus en plus visible, dans l'espace public, de minorités de genre qui refusent cet état de fait, causant selon eux souffrances et discriminations, peut être considérée comme la résultante, directe, d'une émancipation économique et intellectuelle, puis sociétale, et enfin politique, qui transcende les frontières des groupes minoritaires, s'exprimant à travers toutes les couches socio-politiques en cours de refondation[138].

Dans une telle perspective, la « descente dans le Maelström »[139] d'intellectuel-les engagé-es, épris de libération, et qui ne cachent plus le fait d'être concernés à titre personnel par ces problématiques de déconstruction des identités minoritaires et stéréotypiques, abreuvent leur réflexion au radical véritable des sources de la tradition dite arabo-

---

137  Sans le consentement de la première épouse

138  Kapitalis.com (2016). « *Les 6 jeunes accusés d'homosexualité libérés* ». Disponible en ligne - http://kapitalis.com/tunisie/2016/01/07/les-6-jeunes-accuses-dhomosexualite-liberes/

139  Comme la qualifierait Norbert Elias (1983) dans « *Engagement et distanciation* ». Paris, Fayard.

islamique. Une troisième voie serait donc possible, au cœur de l'exception tunisienne, entre islamisme (fascisant) radicale et laïcisme (impérialiste) occidentalisé.

Les outils de production de tels items intellectuels sont enracinés, principalement, dans l'œuvre de celui qui est, aujourd'hui encore, une référence nationale en la matière : feu Mohamed Talbi[140], l'un des fondateurs de l'université tunisienne moderne. Après plus de 1200 ans de règne sans partage de l'université islamique de Zitouna, presque entièrement démantelée par H. Bourghiba, M. Talbi a entrepris une réforme en profondeur de l'islam institutionnel tunisien par le biais d'un paradigme raisonnable et pragmatique, émanant du cœur de la société tunisienne post-indépendance[141], tout en étant ouverte sur les cultures des deux côtés de la Méditerranée.

Je citerai également l'œuvre d'un autre précurseur, en termes de déconstruction du dogme politico-religieux, Yousef Seddik, qui analysait les contingences politiques de l'abandon du message coranique au profit du travail de l'idéologie et à la sécheresse du dogmatisme ; une religiosité unique, panarabiste, élaborée selon le bon vouloir des princes et la complicité des

---

140 Talbi M. (2002). « *Penseur libre en islam. Un intellectuel musulman dans la Tunisie de Ben Ali* ». Albin Michel, Paris, 2002. Bien qu'encouragé dans ses recherches, à une époque, par le président et père fondateur de la république tunisienne, Habib Bourguiba, certains de ces livres furent interdit par le régime de Ben Ali. Il est décédé le 1er mai 2017.
141 Talbi, M. (2011). « *Histoire du Christ* ». Nirvana, Tunis.

clercs exégètes, nous rappelant en cela que le Prophète des musulman-es : « *a su faire la différence et choisir entre transmettre, porter la parole ou procéder au décodage d'un chiffre qu'il a senti le dépasser et dépasser sa modeste vie d'homme. Il a compris que, s'il choisissait la seule fonction du transmetteur, il devait renoncer à saisir par ses propres catégories de lecture et celles de son époque le Verbe qu'il devait seulement transmettre* »[142].

A l'heure actuelle, l'attention des cercles arabes informés, même au-delà des frontières de la Tunisie, est attirée par des intellectuel-les de la jeune génération, telle qu'Olfa Yousef. C'est la première féministe ouvertement « gay-friendly » du monde dit « arabo-musulman » à tenter une synthèse, locale, de ces différentes approches contemporaines visant une déradicalisation idéologique, depuis l'intérieur de l'Islam, qui se situent au-delà des représentations identitaires antichrétiennes, anti-impérialistes mais aussi complotistes, dont furent accusés certains de ses prédécesseurs.


De ce fait, en dépit d'une représentation binaire, communément répandue, d'une domination économique, militaire et académique sans partage de « l'Orient » par « l'Occident », on oublie trop souvent que c'est au *Maghreb*, au début des années 1980, que des intellectuel-les de plus en

---

142 Seddik, Y. (2004). « *Nous n'avons jamais lu le Coran* », p. 15 et 16. L'Aube, Paris.

plus nombreux remettront en cause l'interprétation la plus radicale, misogyne, homophobe et transphobe, de l'héritage dit islamique, sans oser encore parler de sexualité, ni de lesbianisme ou d'homosexualité de manière générale.

Ce fut le cas, notamment, avec l'introduction des études de genre dans le champ de l'Islam, par des auteures telles que Fatima Mernissi, dans un ouvrage intitulé *Le harem politique : le Prophète et les femmes*[143]. Je citerai également des auteurs occidentaux tels qu'Everett Rowson, qui nous parle de ces « *Effeminates of Early Medina* », ces *mukhanathuns* et ces *mustardjilat*[144] ; ou encore la très solide étude de Khaled Al-Rouayheb[145] à propos des identités minoritaires tolérées, voire même valorisées, dans certains cercles intellectuels arabes ou ottomans, jusqu'à l'époque moderne et l'invention, occidentale, des identités de genre et sexuelles performatives.

Ce sont là autant d'études qui ouvriront la voix à une réappropriation avant-gardiste des islamicités, désormais sans

---

143 Mernissi, F. (1987). « *Le harem politique : le Prophète et les femmes* ». Paris, Albin Michel.

144 Des hommes et des femmes transgenres ? - que le Prophète de l'islam aurait défendus et accueillis chez lui, parmi ses femmes et ses enfants ; ROWSON E. K., « The Effeminates of Early Medina », *Journal of the American Oriental Society,* 111, 1991, p. 671-693.

145 Rouayheb, K. (2010). « *L'amour des garçons en pays arabo-islamique : XVIe-XVIIIe siècle* ». Epel, Paris ; ou encore Andrews, W., G. & Kalpakli, M. (2005). *"The Age Of Beloveds: Love And The Beloved In Early-Modern Ottoman And European Culture And Society"*. Duke UniversityPress.

« dissonance cognitive »[146] vis-à-vis de la diversité des corporalités, de la part de musulman-es ayant élaboré des représentations alternatives de l'islam, positionnés au-delà d'un « tribalisme » patriarcal, exclusif et élitiste[147]. Ainsi, comme ailleurs dans le monde, en particulier au sein des diasporas occidentales, mais maintenant depuis le cœur de l'une des premières « cités saintes de l'Islam », en Tunisie, les femmes et les minorités de genre sont à l'avant-garde de réformes sociétales et politiques qui pourraient bénéficier à l'ensemble des populations concerné-es.

Pourtant, au-delà des élites intellectuelles, ces réformes épistémologiques et paradigmatiques sont encore difficilement incarnées, au quotidien, par la majorité des individus concerné-es par ces émulations intersectionnelles : entre identités hybrides au-delà des clivages du « vieux monde » dichotome entre « Orient » et « Occident », impliquant représentations juridiques, sociétales et politico-religieuses complexes.

Mais ce pays, qui pourrait devenir celui d'une partie conséquente des *Lumières Arabes*, se trouve également être le premier exportateur de jeunes radicalisé-es qui veulent se

---

146 Situation de tension psychologique entre un système de valeurs éthiques et des normes socio-politiques. Voire par exemple Roussiau, N. (1996). « *Représentation sociale et théorie de l'engagement* ». Thèse de doctorat, Université de Toulouse le Mirail.
147 Dakhlia, J., « Harem : ce que les femmes, recluses, font entre elles », *Clio. Femmes, Genre, Histoire* [En ligne], 26 | 2007, mis en ligne le 01 janvier 2010, consulté le 28 juillet 2017. URL : http://clio.revues.org/5623 ; DOI : 10.4000/clio.5623

vouer à la guerre soit-disant « sainte ». Un « radicalisme » qui touche également certain-es membres de ces communautés LGBT+ émergentes, tenté-es de fuir la tension que leur impose la société, du fait de leur identité. C'est là le paradoxe des sociétés aux influences culturelles diverses : elles offrent la promesse du meilleur des réformismes égalitaires, tout en même temps qu'elles provoquent chez un grand nombre un désir de repli sur soi des plus radical.

Ce phénomène de double culture assimilée de manière radicale, ne voit pas seulement le jour au Maghreb. Ce fut le cas également en France, par exemple avec le terroriste de Nice en 2016, Mohamed Lahouaiej Bouhlel[148], ou encore à Orlando aux États-Unis, en ce qui concerne l'attentat contre une boite de nuit LGBT+ perpétré par Omar Mateen[149]. Ces deux terroristes d'origine musulmane, décrit par leurs proches comme des voyous ou des hommes de peu de foi, ou à tout le moins comme de « mauvais musulman », avaient vraisemblablement des relations sexuelles avec d'autres hommes. Mais leur double culture était une source de conflit intérieur qu'ils ont transféré sur le dos de leurs concitoyen-nes,

---

148 Slate (2016). « *Pourquoi la sexualité de l'auteur de l'attentat de Nice n'est pas anodine* ». Disponible en ligne -
http://www.slate.fr/story/121241/bisexualite-homosexualite-refoulee-attentat-nice
149 MSNBC (2016). « *Orlando man recognized gunman from gay dating apps* ». Disponible en ligne - https://www.msnbc.com/all-in/watch/orlando-man-recognized-gunman-from-gay-dating-apps-704915011508

avec la dernière des violences.

Ainsi, si la double culture semble être une forme de protection contre le « retour » fascisant du dogme religieux le plus viriliste, les études en psychologie montrent que certains peuvent développer, au contraire, un ego surdimensionné face aux attaques identitaires dont ils font l'objet. Ces individus autrefois agressés, aujourd'hui devenus bourreau, intériorisent ainsi les normes totalitaire de leur oppresseurs. La recherche en psychologie sociale nous enseigne que :

« Les hommes et les femmes issu-es de minorités raciales ou ethniques, qui se définissent comme lesbiennes ou gays, font doublement face aux pressions sociales en vue d'un conformisme à des normes majoritaires, aux attentes de la majorité de leurs concitoyens en matière de comportements sexuels et d'expression du genre ; un premier type de pression sociale renforcée par les pressions culturelles, voire religieuses, minoritaires en France : un état laïc dont la culture majoritaire est encore, quoi qu'on en dise, fortement teintée de valeurs chrétiennes, conservatrices[150]. Voilà pourquoi je considère que l'appartenance ethnique et l'orientation sexuelle sont des variables distinctes, certes, mais qui se chevauchent, toutes deux impliquées de manière explicite dans la modération de l'expression de l'identité individuelle. Cette dernière étant, en fait, à l'intersection de plusieurs dimensions psychosociales non encore élucidées selon des chercheurs experts dans le domaine. Les recherches actuelles en psychologie sociale, qui ont tendance à analyser le développement de l'identité individuelle, en particulier, sont en grande partie fondées sur des théories centrées uniquement sur un processus unique d'identité (ethnicité ou orientation sexuelle) »[151].

---

150 Todd, E. (2015). « *Qui est Charlie* ». Seuil, Paris
151 Extrait de ma thèse de psychologie sociale, « *LGBT musulman-es...* » ;

Il faut de plus garder à l'esprit, malgré les préjugés tenaces en la matière, que la formation de l'identité de genre n'est pas un processus linéaire, du type blanc ou noir :

« Quoi qu'il en soit, les recherches sur le processus de formation de l'identité semblent renforcer la théorie d'une élaboration identitaire séquentielle, modulable, plus ou moins prévisible à travers différentes « étapes »constituées de « tests » exploratoires, de prises de décision, de divulgations de relations (« coming-out » plus ou moins graduels), souvent en fonction des implications des individus concernés au sein de communautés ou d'associations LGBT[152]. Encore une fois, il y aurait un manque de recherches scientifiques à propos des individus appartenant à des minorités ethniques, en particulier à propos des femmes lesbiennes de couleur et des individus transidentitaires qui sont souvent le parent pauvre des mouvements LGBT de par le monde[153]. Regardons d'un peu plus près ces modèles théoriques afin de savoir ce qu'ils peuvent nous apprendre des représentations, souvent préjugées, qu'élaborent les scientifiques qui, eux-mêmes pour la plupart, il y encore peu de temps, connaissaient finalement très peu le sujet de leurs études (...).Ces représentations cognitives internes, souvent inconscientes, varient, à n'en pas douter, en fonction de l'appartenance ethnique des individus. Ces facteurs identitaires sont, néanmoins, également en relation directe avec des dimensions interpersonnelles plus sociales, voire politiques (participation communautaire, auto-présentation, acceptation par ses pairs). Les perspectives théoriques classiques sont, à ce jour, pour la plupart incapables de prendre en compte les effets des influences contextuelles et socio-culturelles multidimensionnelles, le changement du cadre (géo)politique national (et international), la diversité ethnique(inter et)

---

op. cit.

152  Cass, 1979, 1984a ; Fassinger & Miller, 1996 ; Levine, 1997 ; Rust, 1993.

153  Morris & Rothblum, 1999.

intracommunautaire »[154].

En d'autres termes, il s'agit là de processus complexes, dotés d'une grande variabilité d'un individu à l'autre, même, et peut-être surtout, au Maghreb où l'on a trop tendance à essentialiser puis à généraliser nos analyses à propos de ces problématiques.

Pour autant, même si la double culture et les échanges interculturels semble être un outil de plus contre la radicalisation, il ne peut s'agir-là de solutions miracles, applicables sans modération, puisque nous l'avons vu, dans certains contextes particuliers, cette stratégie d'une ouverture inconsidérée sur d'autres modèles culturels peut conduire une communauté ou une société tout entière à faire encore plus radicalement usage de catégories de repli identitaire. C'est le cas en particulier chez les individus déjà radicalisé-es ou en cours de déculturation, en migration vers des identités fascisées et globalement xénophobes, et ce du fait de facteurs individuels qui restent, par définition, difficile à circonscrire de manière systématique ou même systémique.

Le profil « du » terroriste en puissance nous échappe donc encore, et probablement que nous ne parviendrons jamais à systématiser de la sorte nos analyses de cette problématique, surtout si nous essentialisation de manière simpliste certains des facteurs déterminants et pourtant implicites, impliqués

---

154 Extrait de ma thèse de psychologie sociale, supra.

dans la genèse des crises considérées. D'autant plus que ces individus « radicalisés », en quête d'un point final des plus sanglant à leur fuite en avant, restent ultra minoritaires.

# 13 - Unique au Maghreb, un début de visibilité des minorités sexuelles et de genre en Tunisie

Mais il n'en reste pas moins que la plupart des intellectuel-les et des artistes, mais aussi des citoyen-es engagé-es, œuvrant pour le droit des minorités de genre à l'heure actuelle en Tunisie et ailleurs au Maghreb, sont radicalement opposé-es à toutes formes de violence faite aux minorités et aux femmes.

Ils et elles s'inscrivent dans la droite ligne de ce mouvement de libération du corps des femmes parfois - cela peut paraître paradoxal - en s'appropriant la question du *topos* concernant le port du voile, et non plus le dévoilement forcé ; comme ce fut le cas au temps de l'Algérie française[155], ou sous le régime de Bourguiba. En Tunisie, la plupart des femmes qui s'étaient voilées au lendemain de la révolution ont finit par retirer, librement, ce voile. Les corps des femmes, ou des hommes considérés comme efféminés, furent ailleurs associés de force au « corps de la nation » - *El-Watan* -, dont l'honneur devait être défendu, tantôt en dévoilant ce corps féminisé et politisé, tantôt en le couvrant, toujours en l'oppressant. L'exception tunisienne nous confirme

---

155 Sebaoun, R. (2007). Frantz Fanon et les mutations de la société algérienne pendant la guerre de libération nationale. *Sud/Nord*, 22,(1), 97-104. doi:10.3917/sn.022.0097.

qu'une troisième voie, certes expérimentale dans le contexte dit « arabo-musulman », est possible.

C'est ainsi que depuis 2011, après des décennies de luttes pour les droits des femmes tunisiennes, est venu le temps de la sensibilisation aux luttes en rapport avec le droit des minorités de genre. De nombreuses organisations de défense des LGBT+ et des personnes victimes de discriminations sexuelles ont fait leur apparition, contribuant à porter des causes qui étaient auparavant taboues et refoulées hors de l'espace public tunisien. Car, si la Révolution a contribué à libérer la parole à propos des sexualités ou des genres alternatifs au modèle patriarcal hétéronormatif, elle a aussi pour effet de libérer les propos, les attitudes et les comportements homophobes ou transphobes, qui se développent de manière totalement décomplexée dans les différents champs sociaux.

C'est en cela que Nancy Fraser, dans le cadre de son étude sur des associations révolutionnaires, attribue à ces communautés « une double fonction » : tout d'abord, celle de fonctionner comme des « *espaces de retrait et de regroupement* », tout en agissant d'autre part comme des « *bases d'entraînement pour les activités d'agitation dirigées vers des publics plus larges* ». Bien qu'elle reconnaisse que certains d'entre ces publics, ultra-minoritaires et *subalternes,*

sont explicitement « *non démocratiques et non égalitaires* »[156].
Je précise que le terme *subalterne* ici fait référence, non pas
simplement à une position inférieure, mais à une représentation
de l'*alter*, de l'autre qui se trouve sous, *sub.*

En Tunisie, des organisations de ce type sont à l'origine
de la création de la Coalition tunisienne pour les droits des
personnes LGBT+, composée des associations[157] *Damj,
Mawjoudin, Chouf, Shams* et du collectif *Kelmty*[158]. Parmi
leurs principales revendications, figure l'abrogation de
l'article 230 du Code pénal qui stipule dans sa version française que « *la sodomie, si elle ne rentre dans aucun des cas
prévus aux articles précédents, est punie de l'emprisonnement
pendant trois ans* ». Alors que dans sa version arabe, qui fait
force de loi, ce même article condamne clairement
l'homosexualité masculine et féminine d'une peine allant
jusqu'à 3 ans de prison.

Ces associations sus-mentionnées mettent en avant le
fait que cet article légalise une discrimination, basée sur

---

156 Fraser, N. (1990). *"Rethinking the Public Sphere: A contribution to the
critique of actually existing democracy", p. 67.* Duke University Press, USA.
Disponible en ligne - http://www.apass.be/dpt/APT/3564-
rethinking_the_public_sphere.pdf.
157 Liste détaillée en Annexe.
158 Boukhayatia R., « *En Tunisie, les associations LGBTI s'unissent pour
internationaliser la lutte pour leurs droits* », *HuffPost Tunisie*, 22/02/2017 :
http://www.huffpostmaghreb.com/2017/02/22/tunisie-lgbtqi-
droits_n_14925472.html. Liste des principales associations dites LGBTQI
tunisiennes en Annexe.

l'orientation sexuelle, contredisant en cela la nouvelle constitution tunisienne de 2014 qui, dans son article 21, affirme que « *les citoyens et les citoyennes sont égaux en droits et en devoirs. Ils sont égaux devant la loi, sans discrimination* »[159]. En Afrique du sud aussi, après la fin de l'Apartheid et l'adoption d'une constitution libertaire, opposée à toutes formes de discriminations, les associations locales ont mis huit ans avant de faire ouvrir le mariage à tous les citoyen-nes Sud-africain-es. La décriminalisation de l'homosexualité en Tunisie ne devrait n'être qu'une question de temps, en toute logique et sauf crise économique extraordinaire ; auquel cas le pouvoir échoira entre les mains des plus radicaux parmi les « islamistes » panarabistes.

Au-delà des textes ou des stratégies politiques, c'est aussi contre certaines pratiques sociales infamantes, fortement enracinées dans le droit tunisien, que les organisations LGBT+ luttent, comme par exemple le test anal. Ce dernier est couramment utilisé par les forces de sécurité (police et garde nationale) sur les personnes interpellées et soupçonnées d'homosexualité. Il s'agit-là de l'une des principales

---

159 Sbouai, S., entretien avec Ferchichi, W., « *Article 230 du Code pénal : la criminalisation anticonstitutionnelle*», Inkyfada, 26/05/2015 : https://inkyfada.com/2015/05/article-230-code-penal-criminalisation-anticonstitutionnelle-homosexualite-tunisie/

formes d'humiliations corporelles que subissent fréquemment les LGBT+ dans les commissariats et en milieu carcéral.

Mais cette homophobie d'État ne se manifeste pas seulement dans le champ sécuritaire[160]. Depuis la Révolution, la libération de la parole publique s'est aussi traduite par le développement d'une homophobie élitaire, qui touche la classe moyenne bourgeoise, ainsi que les milieux politiques et journalistiques. Au sein du parlement et dans les débats télévisés, les déclarations homophobes sont courantes. En réponse à ces évolutions, la coalition LGBT+ lance des actions de sensibilisation contre les propos homophobes dans les médias et les milieux politiques, n'hésitant plus à déposer des plaintes contre des personnalités publiques.

Cela change grandement, du moins lorsque les contingences politiques sont aussi favorables qu'en Tunisie, d'un contexte dit « arabo-musulman » d'avant les révolutions arabes, où l'homonationalisme panarabiste s'opposait, de manière tout aussi radical, au *pinkwashing* venu d'Occident[161]. A cette époque désormais en cours de révolu-

---

160 Rapport sur la situation des personnes LGBTQI en Tunisie, 2017 : https://jamaity.org/2017/03/presentation-du-rapport-sur-la-situation-des-personnes-lgbtqi-en-tunisie/

161 Termes désignant principalement une technique de communication fondée sur la promotion des droits aux LGBT+ (lesbiennes, gays, bisexuelles, transidentitaire), par une entreprise, ou par une entité politique, un Etat ou autre, afin de tenter de modifier son image et sa réputation dans un sens progressiste, tolérant et ouvert, afin de justifier d'un conflit armé

tion, des associations LGBT+ arabe appelaient au boycott de leurs associations sœurs se rendant au Moyen-Orient, accusées de cautionner les politiques de colonisations, notamment en Israël et en Palestine. Les associations musulmanes progressistes, en Europe, étaient d'ailleurs elles aussi boycottées, je le rappelle, car elles étaient accusées d'attiser les feux de la colère islamistes, dans les pays dits « Arabes », où ces derniers craignaient de voir émerger des revendications égalitaires de ce type, teintées qui plus est d'une islamité inclusive et non plus exclusive et hétéronormative[162].

Cela change également des affirmations de certain-es intellectuel-les panarabistes, qui prônent l'homonationlisme « arabe » en réponse à celui prétendu imposé par « l'Occident ». C'est Joseph Massad, professeur à l'université de Columbia (New York) qui affirmait que :

« L'international gay et ses activistes sont largement responsables [dans le monde arabe] de l'intensité des campagnes répressives [contre les minorités sexuelles] »[163].

---

voire d'une colonisation territoriale sur ses ennemis jugés « homophobes » ou « transphobes » et méritant, par conséquent, d'être combattus.
162  Communiqué de l'association HM2F (23 novembre 2011) *« L'HOMONATIONALISME : Libération des homosexuel-les musulman-es de France, au-delà de l'islamophobie & de l'antisémitisme ».* Disponible en ligne - http://www.homosexuels-musulmans.org/l-homonationalisme__homosexuels-musulmans-entre-islamophobie-et-antisemitisme.html
163  Massad, p. 184-185 ; op. cit.

Un positionnement brillamment formulé d'un point de vue académique, même si ses fondements intellectuels et idéologiques sont fortement controversés. Ce point de vue, souvent maladroitement apposé au contexte français, fut encore plus férocement remis en question en France lorsque Houria Bouteldja, présidente du parti des indigènes de la république, affirmait que : « *le mode de vie homosexuel n'existe pas dans les quartiers populaires. Ce qui n'est pas une tare* »[164].

Avant d'ajouter que l'homosexualité, en tant que catégorie identitaire et en tant que mode de vie, ne serait pas adaptée aux africain-es, ni à leurs descendants qui résident, en Europe, dans des quartiers populaires où l'hétéronormativité machiste est d'autant plus vivide qu'ailleurs sur le reste du territoire européen[165].

A la différence de ces xénophobies minoritaires, sensées miser sur une forme de négociation idéologique symbiotique avec une majorité qui les considèrent comme des subalternes, certaines nouvelles organisations ont su tisser de nombreux partenariats avec d'autres organisations de la

---

164 Street Press (2013). « *Plus forts que Frigide Barjot, les Indigènes de la République dénoncent l'impérialisme gay* ». Disponible en ligne - https://www.streetpress.com/sujet/74580-plus-forts-que-frigide-barjot-les-indigenes-de-la-republique-denoncent-l-imperialisme-gay
165 Cf. aussi « *Les féministes blanches et l'empire* ». La Fabrique, Paris.

société civile. Au-delà des stratégies de replis sur soi partisans, communautaristes et fermés à l'interculturalité, ces nouveaux mouvements citoyen-nes semblent loin de se cantonner à un entre-soi LGBT+ local. C'est bien là l'une des forces des identités hybrides, pour peu qu'elles bénéficient en effet de conditions sociétales et politiques relativement favorables.

L'élaboration de ces identités hybrides qui, elles, reposent sur le pari d'une négociation à long terme d'égale à égale avec la majorité élitiste, restent potentiellement risquées, surtout en dehors des grandes villes, comme nous le confirme Yacoub. Ces alliances sont établies avec, notamment, les associations féministes historiques, telle que *Chouf* (l'association tunisienne des femmes démocrates), la Ligue tunisienne des droits de l'homme (*LTDH*), les syndicats de journalistes et les ordres professionnels (ordre des médecins, des avocats, etc.). Cela, afin de désenclaver la « cause homosexuelle » et en faire l'un des combats majeurs de la « nouvelle démocratie ». La façon dont une démocratie traite ses minorités est un excellent indicateur de la bonne santé d'une société donnée.

Pourtant, cette « communauté » LGBT+ peine à se faire reconnaître juridiquement et ne repose, le plus souvent, que sur quelques leaders souvent en danger. Malgré ces nombreux défis, cette communauté émergente continue la lutte et ne perd pas espoir. Elle reste  soudée, le plus souvent là encore, et tente de faire entendre sa voix à l'international ; l'association *Shams*, par exemple, est parvenue à faire reconnaître officiellement son statut ouvertement « LGBT ». En cela, le gouvernement post-révolutionnaire, après la défaite du parti *Ennahdha* face à une coalition de petits partis laïques, semble plus ouvert au dialogue entre les différentes parties de la société civile, notamment sur ces questions du droit des minorités en général, qui ne sont plus considérées, à priori, comme une menace pour l'unité d'une prétendue « nation Arabe ».

# Discussion

En somme, ces citoyen-nes à l'avant-garde de refontes identitaires sans précédents dans le monde dit « arabo-musulman », semblent bien faire usage de leur héritage populaire et démocratique remontant au XIXe siècle, mais aussi du paradigme d'une réforme religieuse post-moderne, afin de négocier la production de normes identitaires hybrides, entre différentes sub-cultures[166] elles-mêmes en cours de redéfinition. C'est ainsi que la cause portée par la communauté LGBT+ concerne, non-seulement cette communauté émergente, en cours d'organisation et certes minoritaire, mais aussi toutes les personnes subissant une atteinte à leurs libertés en Tunisie.

Ces réformes identitaires, puis politiques et enfin sociétales, bénéficieront probablement, à long terme, à l'ensemble de la population, pour peu que cette dernière parvienne à renoncer aux chimères d'un panarabisme à la fois fascisant et élitiste. En cela, la Tunisie semble être le candidat le plus à même de dépasser des performatismes identitaires, du fait d'un contexte sociétal, géostratégiques et économiques stressant juste assez le tissu social pour le forcer à muter ; et non du fait d'un « retour » véritable d'un facteur religieux qui en réalité a toujours été là, et qui n'en est en réalité que plus agressif et radical, pour peu qu'on tenta de l'expulser de force

---

166  Warner, M. ; op. cit.

de l'espace public.

Cet état de fait permet de voir émerger un schéma d'une désislamisation politique des identités citoyennes, au sens large, en Tunisie en particulier ; schéma qui pourrait être reproductible ailleurs dans le Maghreb, pour peu que les conditions socio-économiques puissent s'y prêter. Cela semble aussi clairement confirmer les modèles théoriques de chercheurs qui traitent de ces questions-là en terme d'adaptation du religieux à des contextes culturels et idéologiques plus ou moins hostiles, sans jamais disparaître, pas même parmi la majorité des individus porteurs d'une identité dite minoritaire, qui plus est fortement visée par ce que Dounia Bouzar, anthropologue engagée contre la radicalisation islamiste en France, nomme la fascisation identitaire proposée, selon elle, par les « islamisants ». Selon D. Bouzar, pour ces derniers :

« l'islam reste la source exclusive à partir de laquelle tout est conçu : le développement de l'esprit, la protection de la nature, l'engagement dans la cité sont autant de domaines considérés comme déjà régis initialement par l'islam. En d'autres termes, le religieux continue de régir toutes les conceptions du monde. Il n'y a pas de remplacement des mythes religieux par des représentations tirées de la science et des formes de pensées modernes »[167].

C'est bien ainsi que la majorité, la plus impliquée au

---

167 Bouzar, D. (2004). « *Monsieur Islam n'existe pas : pour une désislamisation des débats* », *p. 84*. Hachette, Paris.

niveau démocratique, de cette nouvelle génération de citoyen-nes engagé-es, doit inscrire ses réformes politiques contemporaines dans une historicité plus ancienne, et au moins en partie commune à l'ensemble de la région, mais avec des productions hybrides inédites, qui dépassent les clivages identitaires ; plutôt que de tenter de s'y confirmer de manière simultanée. Ce type de productions identitaires, « désislamisées » au sens idéologique du terme et non pas au sens culturel ou spirituel, semblent radicalement pragmatiques et porteuses de perspectives adaptatives, qui pourraient servir de base de réflexion épistémologique et axiologique pour l'ensemble du monde dit « arabo-musulman ».

Ainsi, l'intersectionalité culturelle ne suffit pas, surtout lorsqu'elle n'est incarné que une forme de diversité de façade, sans réelle inclusion de tou-tes à « l'universel » républicain[168], pourtant elle semble être un facteur incontournable, sur le long terme, de l'émancipation du plus grand nombre. La diversité identitaire semble l'un des meilleurs remparts aux radicalisations, d'où qu'elles viennent. Comme l'affirme clairement Marie-Anne Valfort, professeur d'économie à la Sorbonne détachée à l'OCDE :

« En réalité, radicalisation de l'islam et islamisation de la

---

[168] Cf. l'interview de Louis-Georges Tin à ce sujet, du 10 juin 2020 : « *Il s'agit d'un racisme d'État» : le CRAN remet en cause le «modèle universaliste» français* ». Disponible en ligne - https://fr.sputniknews.com/france/202006101043929829-il-sagit-dun-racisme-detat-le-cran-remet-en-cause-le-modele-universaliste-francais/

radicalité décrivent deux phénomènes qui, loin d'être antagoniques, sont au contraire complémentaires. Quel que soit le phénomène qui préexiste, il finit en effet par entraîner le second, générant une dynamique délétère, où radicalisation de l'islam et islamisation de la radicalité se renforcent mutuellement »[169].

En cela, si l'on considère des pressions égales au conformisme social fascisant, il faut aussi un contexte économique et académique d'un niveau critique pour le développement de dynamiques citoyennes hybrides et post-identitaires, non communautariste et non propice au développement de catégories de repli sur soi, de xénophobies en tous genres.

En cela, ni l'homophobie ni l'antisémitisme[170] ne sont l'apanage des pays arabo-musulmans ou des quartiers populaires peuplés majoritairement de musulman-es. Le problème, comme le démontre la mobilisation des gilets jaunes en France ou ailleurs, est bien plus profond qu'une dysphorie

_______________________

169 Valfort, M.-A. (1er juin 2018). « *Radicalisation de l'islam et islamisation de la radicalité sont des phénomènes complémentaires* ».Le Monde. Disponible en ligne - https://www.lemonde.fr/emploi/article/2018/06/01/radicalisation-de-l-islam-et-l-islamisation-de-la-radicalite-sont-des-phenomenes-complementaires_5308017_1698637.html

170 Couvelaire, L. (12 février 2019). « *Antisémitisme : en France, les différents visages d'une haine insidieuse et banalisée* ». Le Monde, Paris. Disponible en ligne - https://www.lemonde.fr/societe/article/2019/02/12/en-france-les-differents-visages-d-une-haine-anti-juive-insidieuse-et-banalisee_5422326_3224.html

identitaire, dont les véritables facteurs déterminants commencent à émerger au grand jour, après des années d'hystérie autour de sujets annexes à la crise véritable.

Cette dysphorie suscite des formes de radicalisation inédites, multiples, qui se nourrissent les unes des autres, dans des couches très diverses de la société, comme c'est toujours le cas avant la fascisation globale des identités, en commençant par viser les minorités ethniques, religieuses et sexuelles. C'est pourquoi, pour le moment, comme l'affirment certains observateurs ou sociologues rencontré-es sur le terrain, dans la Tunisie d'aujourd'hui tout reste encore possible : le pire, comme le meilleur.

Alors que certain-es ont pensé, depuis le Moyen-âge, que le « despotisme » radical serait par définition « oriental », qu'en sera-t-il, à l'avenir, de ces phénomènes de radicalisations multidimensionnelles que nous voyons émerger en ce moment même en France et ailleurs en Occident ?

Les responsables politiques prennent désormais leur temps avant de s'exprimer sur de tels sujets, et on peut les comprendre au vu, d'une part, de la complexité de la problématique, et d'autre part du fait de l'évolution à la fois rapide, perçue à tort comme historiquement inédite, du contexte socio-politique. Pourtant la fascisation des identités en temps de crise, les replis identitaires sur fond de misère socio-économique, cela n'a rien d'inédit, des deux ôtés de la Méditerranée.

Enfin, tout comme le bien-être des individus dépend de plusieurs facteurs interconnectés[171], l'émancipation du plus grand nombre ne pourra qu'en passer par un travail de fond sur toutes les dimensions du problème, de manière simultanée.

A cœur vaillant, rien d'impossible en effet.

---

[171] Cf. l'Annexe II : les différentes dimensions contribuant au bien-être des êtres humains, autrefois conçues de manière unidimensionnelles, ces dynamiques de libération sont désormais conçues de manières intersectionnelles.

# Annexe I - Associations au Maghreb
## Engagées pour les droits des minorités

**ALCS** : la première et plus importante association de lutte contre le sida constituée dans la région MENA. L'association a vu le jour en 1988 alors qu'il n'y avait que 30 cas de sida déclarés. A l'origine de cette mobilisation, la conviction que plus la prévention est précoce plus elle est efficace. Reconnue d'utilité publique en 1993, l'ALCS s'attache à poursuivre ses principaux objectifs que sont : la prévention de l'infection à VIH, l'accès aux traitements ; la prise en charge et la défense des droits des personnes vivant avec le VIH, dans le strict respect des droits humains et de la confidentialité. L'association est aujourd'hui un acteur incontournable de la société civile représentant un espace d'aide et de plaidoyer pour les droits des personnes vivant avec le virus : accès au savoir, droit aux soins, droit au travail. L'ALCS a choisi d'aller au plus près de ses publics cibles, les groupes les plus vulnérables, en se mettant à l'écoute de leur réalité, de leurs différences et de leurs besoins. L'ALCS installe dès 1991 des programmes de prévention auprès des groupes vulnérables que constituent les professionnels (le)s du sexe et les hommes ayant des relations sexuelles avec des hommes.

**Aswat :** fondée en 2012 au Maroc, elle a pour but la lutte contre la discrimination fondée sur la sexualité et le genre, c'est un collectif à but non lucratif, ayant pour objectif de contribuer par un engagement pacifique à la lutte contre la discrimination basée sur le genre et la sexualité, aux niveaux institutionnel et socioculturel, selon un référentiel en rapport avec les droits humains. Leur magazine, l'un des seuls de ce genre en langue arabe, est téléchargé à plusieurs milliers d'exemplaires chaque mois. Avant l'existence d'un tel magazine, c'était à travers l'internet que ces jeunes homosexuel-les échangeaient des idées à propos de leur quotidien et de la façon d'agir dans l'espace public ; notamment sur des sites de « résistance » communautaire comme *Mithly.net*.

**Chouf :** organisation féministe créé en mai 2013 qui se mobilise pour les droits corporels et sexuels des femmes, notamment des femmes bisexuelles (FSF). L'organisation entend renforcer les capacités des femmes issues de minorité sexuelles, ethniques, économiques et culturelles. Chouf met également en place des structures de soutiens psychologique, judiciaire et physique pour toute femme et per- sonnes s'identifiant comme tel. Dans le cadre de son travail, Chouf se définit comme un collectif d'activistes audio-visuelles. En effet, les outils audio-visuels apparaissent comme les plus pertinents et les plus à même d'avoir un impact effectif immédiat sur l'environnement et les clichés ou agressions auxquels les femmes faire face au quotidien.

**Damj** : association tunisienne pour la justice et l'égalité. Elle a débuté ses activités en 2008 sous la dictature de Ben Ali mais non reconnue par le régime. Fin 2009, elle a lancé des procédures pour la création d'une organisation officielle, après un rejet initial d'une autorisation par le ministère de l'Intérieur. Depuis 2011, elle jouit d'un statut légal. Ses objectifs sont : ancrer les principes de la citoyenneté et défendre l'égalité entre les citoyens Tunisiens ; relever les causes de la marginalisation et de la vulnérabilité ; participer à l'accompagnement des populations marginalisées; lutter contre tous les genres de stigmatisation et de discrimination; développer les partenariats et le réseautage, la mutualisation des expériences en matière de la lutte contre la stigmatisation et la discrimination et promouvoir la culture des droits de l'homme.

**Kelmety** : lancée en mars 2011, elle se définit comme l'association des gays, lesbiennes, bisexuels et transsexuels en Tunisie. Elle entend promouvoir les valeurs de la tolérance les droits des personnes homosexuelles. Ses objectifs sont : rendre plus visible le mouvement LGBT+ tunisien ; informer les Tunisiens ; créer une atmosphère rassurante pour les personnes adoptant une sexualité non hétéronormative. L'association est particulièrement active sur les réseaux sociaux. Son compte Facebook rassemble en 2017 environ 3500 abonnés.

**Mawjoudin, initiative pour l'égalité** : fondée en 2014 par un groupe de jeunes militants, de féministes et de personnes LGBT qui militaient ensemble, alarmés par la situation des personnes LGBT+ et par les restrictions imposées aux droits corporels et sexuels en Tunisie. Ses objectifs sont : créer un espace qui pourrait offrir un soutien psycho-social pour les victimes d'actes homophobes et de violence ; offrir un lieu d'écoute et de partage entre les membres de la communauté ; proposer des formations aux membres de l'association et les sensibiliser à leurs droits ; plaidoyer pour l'abolition de la loi 230 ; documentation et dénonciation des violations des droits des LGBTQI.

**Shams** : association fondée en 2014, elle lutte pour la dépénalisation de l'homosexualité en Tunisie et œuvre pour lutter contre homophobie et lancer un débat sociétal sur l'homosexualité. Ses principaux axes d'activité sont : la sensibilisation sur les maladies sexuellement transmissibles ; l'encadrement des minorités sexuelles sur les plans moraux, matériaux et psychologiques ; la lutte pour l'abolition des lois ségrégationnistes portant atteinte pour les minorités sexuelles ; la défense du droit de l'Homme à vivre dignement quelque soit son orientation sexuelle ou sa différence. L'association publie depuis 2017 le premier magazine LGBT tunisien : *Shams Mag*.

**Alouen** : ce terme signifie « couleurs » en arabe. C'est le nom que s'est choisi une nouvelle association pour les LGBT en Algérie. Son but est avant tout de permettre aux homos et aux trans' de ce pays encore sous le coup d'une législation homophobe de se regrouper pour lutter contre les discriminations.

# Annexe II – Besoins humains fondamentaux

## a)  Conçus de manière unidimensionnelle, hiérarchisée

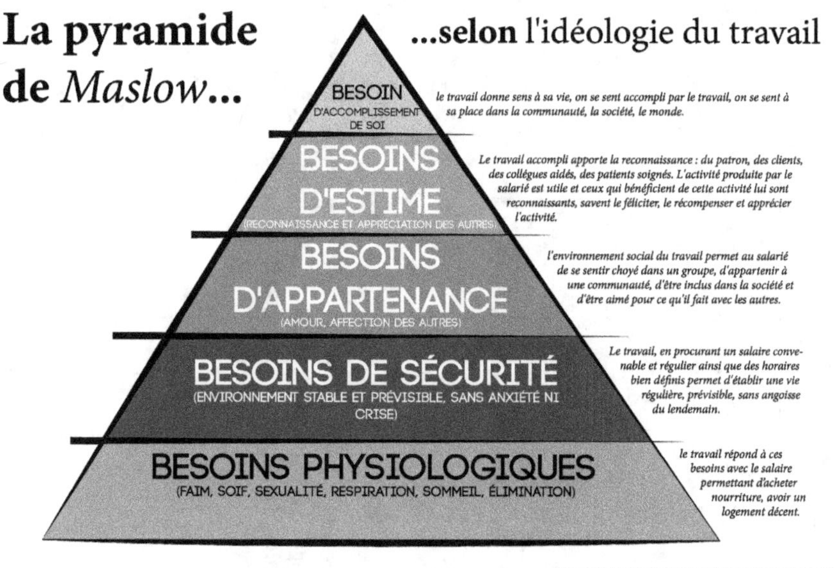


## b)  Conçus de manière intersectionnelle

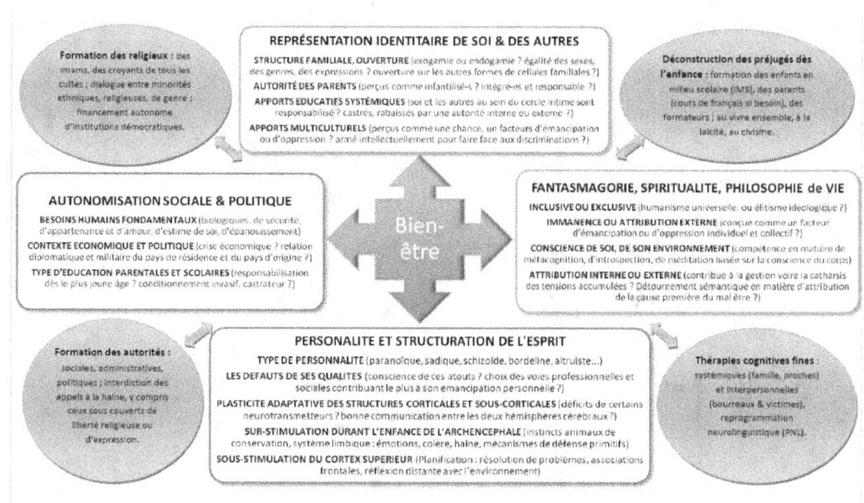

Déterminisme de l'expression du bien-être (motivation au quotidien, collaboration, projection dans l'avenir) ou de la violence (préjugés envers autrui, phobies paranoïaques diverses, voire meurtre sadique, lutte armée ou terrorisme) individuelle, communautaire et collective,

## L'EXEMPLE DE « LA MAIN OUVERTE », LA CAUSALITE PREMIERE :

En sociologie, afin d'illustrer la difficulté à identifier les réelles causes d'une problématique donnée, on donne l'exemple de la paume de la main (facteur essentiel de la motricité, qui stimule le reste de la main) et des doigts (facteurs secondaires sans lesquels la main continuerait de se mouvoir) :

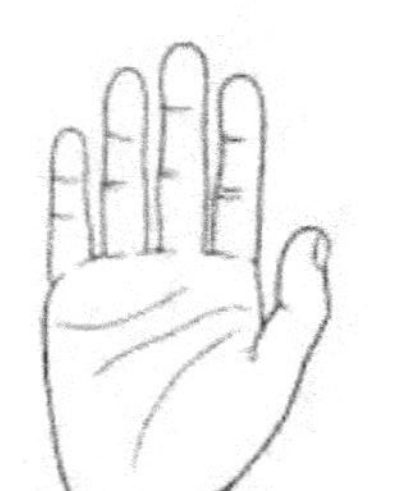

1 / **Lorsque la main est ouverte**, la paume de la main (facteur déterminant dans la motricité) est aisément identifiable, visible au premier regard. On voit tout de suite que c'est la paume de la main qui fait bouger le reste (*situation où les dynamiques sociales sont apaisées, sans crispation identitaires et politiques majeures*).

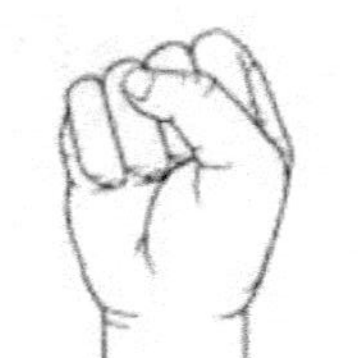

2 / **Lorsque la main est fermée**, la paume de la main (facteur déterminant) devient difficilement identifiable, n'est plus visible au premier regard. Le profane pense que ce sont les doigts qui se crispent par eux-mêmes, qui seraient les facteurs déterminants et non pas périphériques, identifiés non plus comme secondaires mais comme visibles au premier regard (*situation de crispation sociale et politique*).

3 / **Lorsque la main est fermée et qu'un seul doigt pointe**, la paume de la main reste difficilement identifiable, n'est. Le profane fait sortir du lot un seul doigt : pourtant facteurs secondaires, aggravant ou émancipateur en temps de crise, mais sans déterminisme premier dans la genèse de la crise à affronter (*situation de discrimination d'une communauté identifiée comme responsables de la crise, mais de couper ce « doigt » ne résoudra en rien la crise, elle s'en trouvera même aggravée, et la main continuera de se mouvoir, pour le pire ou le meilleur*).

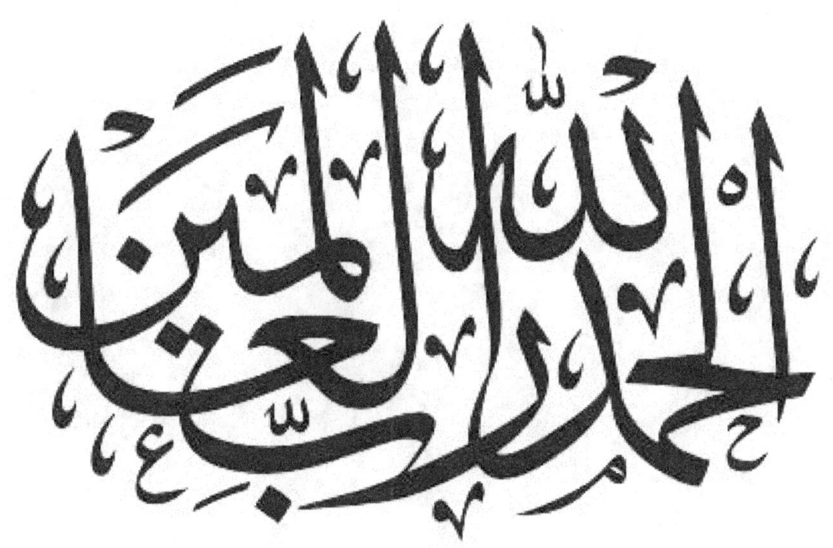
الحمد لله رب العالمين